부끄러움을 아는 교회

류인섭 지음

앎과 삶이 하나 되는
신앙을 위하여

부끄러움을 아는 교회

비전북

머리말

앎과 삶의 하나 됨을 위하여

────── 목회 여정에 들어선 이래, 제 목회의 초점은 오로지 주님의 복음을 전하는 일, 구원의 복음을 생생하게 증거하는 일이었습니다. 복음을 믿고 구원받은 자들이 주님과 동행하는 삶을 살도록 하늘나라 복음을 전하는 일이었습니다.

복음으로 사는 생활을 증거하기 위해 저는 주님과 함께 생활하는 삶을 간증하며 제가 받은 은혜를 나누어 왔습니다. 복음으로 사는 생활이 무엇인지 주님이 깨닫게 하시는 대로, 그 내용을 성도들과 나누고자 매 주일 짧은 글을 썼습니다. 이 책은 그렇게 깨달음을 주시는 바에 따라 써온 칼럼을 모은 것입니다.

믿음 생활은 아는 것과 사는 것으로 이루어집니다. 아는 것도 지식이고 사는 것도 지식이지만 둘은 전혀 다릅니다. 사랑을 아는 것과 사랑으로 사는 것의 차이라고도 말할 수 있습니다. 물론 진리를 아는 것이 중요합니다만, 아는 것은 항상 아는 것에 머물러있어서 문제입니다. 교인들은 하나님 말씀을 읽고 듣고 배웠기에 누구보다도 하나님의 뜻과 진리를 알고 있습니다. 당연히 세상 사람들보다 더 진리로 살 것 같은데 실상은 진리로 살지 못합니다. 이것이 바로 아는 지식의 한계입니다.

머리말

5

그러나 사는 지식은 생활하는 지식입니다. 사는 지식은 오로지 성령을 통해 얻습니다. 성령을 받을 때 죄를 씻고 사는 지식을 얻을 수 있습니다. 성령께서는 세상으로 살고 정욕으로 살던 이전 일을 하나하나 깨닫게 하셔서 회개하도록 이끄십니다. 회개한 죄를 사해 주시고 심령을 정결하게 해주십니다. 성령을 따라 회개하고 심령을 정결케 하는 것이 바로 사는 지식입니다.

성령께서 하늘나라를 사는 것을 가르쳐주실 때 그 가르침대로 하나님과 함께하는 생활이 사는 지식입니다. 깨달은 대로 살 힘이 없어 넘어지면 주님께 깨달은 대로 살게 해달라고 간구하게 됩니다. 그렇게 주님께서 힘을 주시고 이끌어주셔서 깨달은 대로 사는 것이 사는 지식입니다. 삶이 없는 지식은 공허할 뿐입니다. 진리로 사는 생활이 없다면, 그는 진리를 모르는 사람입니다.

책으로 엮인 작은 단상들은 우리의 믿음 생활이 아는 지식에 머무르지 않고 사는 지식에 이르게 하기 위한 것입니다. 아는 말씀이 아니라 사는 말씀이 되기 위해 썼습니다. 이 글들을 읽는 이마다 주님으로 살게 되길 바랍니다. 이 책이 진리로 생활하는 데 도움이 되었으면 합니다.

부끄러움을 아는 교회

지금까지 금촌제일교회에서 주님의 뜻을 따라 살도록 이끌어주신 주님의 은혜에 감사할 뿐입니다. 제가 힘들고 지칠 때 옆에서 힘이 되어준 아내에게 고맙다고 인사하고 싶습니다. 연약한 종을 늘 곁에서 도와준 장로님들에게 감사를 전하고 싶습니다. 목회에 지쳤을 때 제주도에서 쉼을 누릴 수 있도록 마음 써주신 사랑을 잊을 수 없습니다. 권사님들과 집사님들이 베풀어준 작은 사랑도 언제나 분에 넘쳐서 받을 때마다 감사했습니다. 성도들이 준 사랑은 주의 길을 걸어가는 데 큰 위로와 힘을 주었습니다.

　　일일이 열거할 수 없지만 저를 위해 기도해주신 모든 성도에게 감사드립니다. 이 작은 글이 신앙생활의 마지막까지 늘 새 힘을 주길 바랍니다. 주님의 뜻을 따라 사는 데 힘이 되었으면 합니다.

2023년 11월,
목회 여정 43년을 감사하며

머리말

차례

부끄러움을 아는 교회

2부 이야기를 읽다 ────

차례

3부 생활을 읽다 ─────

부끄러움을 아는 교회

4부 언어를 읽다 ──────

차례

5부 사회를 읽다 ───

6부 교회를 읽다 ⎯⎯⎯

차례

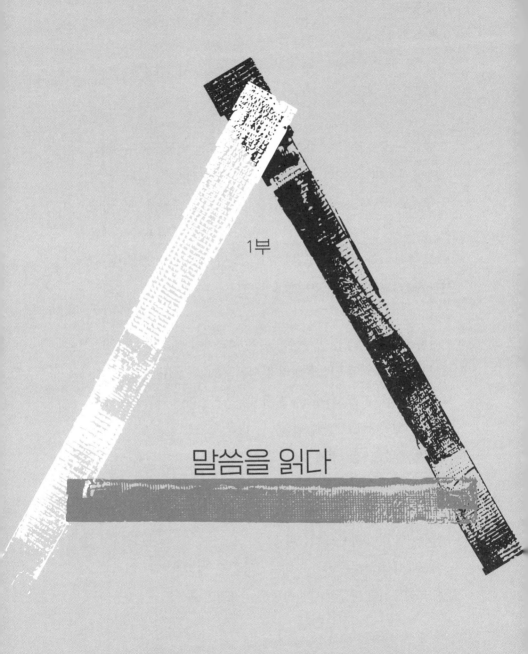

1부

말씀을 읽다

모세 목회냐
아론 목회냐

────── 하나님의 부르심을 받은 모세는 주의 백성들을 구원하기 위해 보냄을 받았습니다. 주님께서는 모세와 함께하셨고, 입에 할 말을 주었고, 주님의 뜻을 보여 주셨습니다. 모세는 주님께 받은 말씀을 그대로 백성들에게 전했습니다. 주의 백성들이 주님의 뜻을 깨닫고 그 뜻에 따라 살도록 했습니다. 백성들이 죄 때문에 징계받을 때 사하여달라고 간구하여 용서받게 했습니다. 이것이 모세의 목회였습니다.

아론은 주의 백성들이 주님의 뜻을 따라가지 못하게 했습니다. 오히려 자신이 백성들의 뜻에 따라 행동했습니다. 시내산에 올라간 모세가 더디 내려올 때 이스라엘 백성들이 불안하여 아론을 다그쳤습니다. "일어나라. 우리를 위하여 우리를 인도할 신을 만들라. 이 모세 곧 우리를 애굽 땅에서 인도하여 낸 사람은 어찌 되었는지 알지 못함이니라."(출 32:1) 아론은 백성들이 무서워 금붙이를 모아다가 금송아지를 만들어 주었습니다. 결국 원하는 대로 해주어 백성들이 우상숭배의 죄에 빠지게 했습니다.

이스라엘 백성들은 아론이 하나님의 뜻을 말하기보다 자신들의 뜻에 따라주기를 바랐습니다. 아론은 정욕적인 요구를 거절했을 때

부끄러움을 아는 교회

완악한 그들에게 어떤 해코지를 당할지 몰라서 그대로 해줄 수밖에 없었습니다. 모세는 아론이 이스라엘 백성들이 방자하게 행하도록 내버려두어 원수에게 조롱거리가 되었다는 사실을 알았습니다(출 32:25). 하나님께서는 우상숭배에 빠졌던 백성들을 심판하셨는데, 레위인들에게 3천 명을 죽이게 했습니다. 주님은 주의 백성들이 죄를 잘라내게 하고, 주의 백성들을 거룩하게 구별하여 다시 함께하셨습니다.

우리는 주의 종들이 어떤 목회를 해주길 원합니까? 아론의 목회를 좋아했다면 회개해야 합니다. 주님의 말씀만 전한 모세의 목회를 기뻐해야 합니다.

죄 많은
여자의 눈물

———— 예수님이 바리새인 시몬의 집에 들어가 앉으셨을 때 일어난 일입니다. 죄 많은 여인이 예수님의 발 곁에 서서 울며 눈물로 그 발을 적셨습니다. 눈물로 적신 발을 자기 머리털로 닦은 후 입을 맞춘 뒤 옥합에 담긴 향유를 부었습니다. 바리새인 시몬은 속으로 "이 사람이 만일 선지자라면 자기를 만지는 이 여자가 누구며 어떠한 자 곧 죄인인 줄을 알았으리라"(눅 7:39)라고 생각했습니다.

예수님은 그 마음을 아시고 시몬에게 오백 데나리온 빚진 자와 오십 데나리온 빚진 자 둘 다 빚을 탕감받았으면 누가 탕감해준 사람을 더 사랑하겠느냐고 물으셨습니다. 시몬은 많이 탕감받은 자라고 대답했습니다. 그러자 주님이 말씀하셨습니다. "내가 네 집에 들어올 때 너는 내게 발 씻을 물도 주지 아니하였으되 이 여자는 눈물로 내 발을 적시고 그 머리털로 닦았으며 너는 내게 입맞추지 아니하였으되 그는 내가 들어올 때로부터 내 발에 입맞추기를 그치지 아니하였으며 너는 내 머리에 감람유도 붓지 아니하였으되 그는 향유를 내 발에 부었느니라."(눅 7:44-46)

죄 많은 여자는 예수님이 자기 죄를 대신 지고 죽으시리라는 사실을 깨달았을 때 구속의 사랑 앞에 가치 있는 것은 아무것도 없다고 생각했습니다. 그런 고백으로 향유 한 옥합을 깨어 예수님 발에 부었고, 주님의 사랑을 감당할 수 없어서 울었습니다. 주님의 사랑을 받은 자는 죄 많은 여자와 똑같은 마음이 됩니다. 찬송가 415장 〈십자가 그늘 아래〉 2절 가사처럼, "내 눈을 밝히 떠서 저 십자가 볼 때 날 위해 고난당하신 주 예수 보인다. 그 형상 볼 때 내 맘에 큰 찔림 받아서 그 사랑 감당 못 하여 눈물만 흘리네"라고 고백하게 됩니다.

만일 눈물이 말라버렸다면, 세상 사랑과 돈 사랑으로 주님의 사랑을 잃어버렸기 때문입니다. 다시 십자가 밑에 엎드려 세상과 돈을 사랑한 죄를 회개해야 합니다. 찬송할 때나 기도할 때나 말씀을 들을 때나 주의 사랑을 감당할 수 없다는 고백을 담은 눈물이 회복되어야 합니다.

말씀 안에
거하면

———— 주님은 우리에게 말씀 안에 거하라고 했습니다. "너희가 내 말에 거하면 참으로 내 제자가 되고"(요 8:31)라고 말씀하셨습니다. 말씀 안에 거하려면 말씀에 푹 빠져야 합니다. 수영을 생각해봅시다. 수영을 배우려면 물속에 들어가야 합니다. 물속에 들어가지 않으면 수영을 배울 수 없습니다. 이론을 가르쳐도 알 뿐이지 물에서 헤엄치지 못할 것입니다.

물속에 빠지면 허우적거리며 물을 먹기도 하겠지만 발과 손을 움직이며 숨 쉬는 법을 배우게 됩니다. 물속에 들어가야 뜨는 법, 움직이는 법을 배울 수 있습니다. 필요한 순간에 자기 생명을 보호할 수 있습니다. 마찬가지로, 말씀 속에 빠져서 허우적거리며 넘어질 때 말씀으로 살지 못하는 자기 모습을 보게 됩니다. 이처럼 심령의 문제가 무엇인지 깨달을 때 주님께 고쳐달라 간구하게 됩니다. 간구를 통해 심령을 고쳐주시는 은혜를 받습니다. 주님은 우리가 새 생명으로 살도록 고쳐주십니다.

말씀 안에 거한다는 말은 말씀으로 깨끗하게 씻긴다는 뜻입니다. 주님은 제자들에게 "너희는 내가 일러준 말로 이미 깨끗하여졌으니"(요 15:3)라고 말씀하셨습니다. 이 말씀은 "너희는 나의 가르침을 통해 이미 가지치기 되었으니"라는 뜻입니다. 하나님 자녀로 살지 못하게 하는 요소를 가지치기로 제거해 주셨다는 말입니다.

말씀 안에 거하면, 포도 농사를 짓는 농부가 열매 맺지 못하는 쓸모없는 가지를 잘라버리듯이 하나님은 말씀으로 주님 뜻에 합당하지 못한 요소를 깨닫게 하여 제거해 주십니다. 고침을 받게 하십니다. 악한 죄, 육과 정욕으로 살던 일, 욕심으로 살던 삶을 다 잘라버리게 하십니다. 말씀으로 주님의 인격을 닮도록 고쳐주시고 새 생명으로 살게 하십니다.

교회는
생명이다

——— 사도 바울은 교회를 유기체로 봤습니다. 예수 그리스도
는 교회의 머리, 교회는 그리스도의 몸, 성도들은 몸의 지체라고 했
습니다. 교회가 유기체라는 말은 생명이 있는 조직체라는 뜻입니다.
교회가 구원받은 사람들의 모임이라는 말은 영생을 받은 사람들이
모여 영생으로 사는 곳이라는 뜻입니다. 그러므로 교회는 생명입니
다. 지체가 몸에서 끊어지면 죽게 되고, 몸이 머리에서 끊어져도 죽
게 됩니다. 교회는 주님께 붙어있어야 영생으로 살 수 있습니다.

육체의 생명이 죽듯이 영생도 죽을 수 있습니다. 육체에 질병이
들어왔을 때 자체 면역력이 강하면 질병을 이기고 생명을 보존합니
다. 면역력이 약하면 생명을 잃습니다. 영적 생명인 영생도 마찬가
지입니다. 영적 질병인 죄가 들어왔을 때 영적 면역력인 믿음이 강
하면 죄를 이깁니다. 믿음이 약하면 죄 가운데 빠지게 됩니다.

"범죄하는 그 영혼은 죽으리라"(겔 18:4)라는 말씀처럼, 죄를 범하
면 죽습니다. 질병이 들어오면 병원에 가서 치료받고 건강을 회복
해야 하듯이, 죄라는 병이 들어오면 주님의 십자가 보혈의 공로를
의지하여 회개하고 죄 사함을 받아야 합니다. 그래야 영생으로 주
님과 함께 살 수 있습니다. 죄를 씻지 못하면 영혼이 죽고 주님과

부끄러움을 아는 교회

함께 살지 못하게 됩니다.

    교회가 생명이라면, 교회를 살리는 것은 믿음입니다. 교회의 생명력을 강하게 하는 것도 믿음입니다. 그렇다면 교회를 죽이는 것은 불신앙입니다. 교회의 영적 생명력을 약화하는 것도 불신앙입니다. 불신앙은 주님을 의지하지 않는 것입니다. 주님의 보혈을 의지하지 않는 것입니다. 우리가 교회를 죽이고 있는지 살리고 있는지 알아야 합니다. 우리는 죄를 씻고 영생으로 사는 믿음을 구해야 합니다. 영생으로 사는 교회가 되게 해달라고 기도해야 합니다.

기도를
쉬는 죄

───── 사무엘은 "나는 너희를 위하여 기도하기를 쉬는 죄를 여호와 앞에 결단코 범하지 아니하고"(삼상 12:23)라고 했습니다. 기도를 쉬는 일이 죄인 이유는 기도하지 않으면 하나님을 믿지 않는 것이기 때문입니다. 하나님을 믿으면 기도하지 않을 수 없습니다. 기도하지 않는 자는 하나님의 은혜와 도움이 필요하지 않은 불신앙의 사람입니다. 불신앙의 사람이기 때문에 기도하지 않는 것입니다. 기도하지 않는 자는 하나님보다 내 머리를 의지하는 사람입니다. 내 생각대로 해야 더 유익하다고 판단하기 때문입니다.

사무엘이 기도를 쉬지 않은 것은 백성들의 심령이 악하다는 사실을 알았기 때문입니다. 백성들을 위해서 하나님께 기도하지 않으면, 백성들이 하나님을 떠날 것을 알았기 때문입니다. 그렇습니다. 기도(pray)하지 않으면 희생(prey)당합니다. 성도가 마귀에게 희생당합니다. 성도가 세상과 죄에 희생당합니다. 마귀와 세상과 죄를 이길 힘은 오직 주님께 있습니다. 주님의 도움을 구하는 자는 그 힘을 덧입고 이기는 생활을 할 수 있습니다. 기도하지 않는 자는 아무것도 이기지 못하고 시험에 들어 넘어지고 맙니다.

주님께서 겟세마네 동산에서 기도하실 때 제자들은 잠들었습니다. 주님께서 "시험에 들지 않게 깨어 기도하라"(마 26:41)라고 일러 주셨지만, 제자들은 기도하지 못했습니다. 그 결과, 베드로는 주님을 끝까지 따라가겠다고 주를 위해 죽기까지 하겠다고 결심했지만, 그 결심을 지키지 못했습니다. 베드로는 여종 앞에서 주님을 부인하고 저주했습니다. 마귀에게 희생당했습니다.

영적 생활에 장사 없습니다. 기도하지 않으면 시험에 듭니다. 믿음의 힘을 잃어버립니다. 기도해도 힘을 얻지 못한다면 내 뜻이 이루어지길 강요하기 때문입니다.

기도는 자기 포기입니다. 자기 항복입니다. 내 생각을 의지하지 않고 주님의 뜻을 철저하게 의지하는 일입니다. 날마다 기도하고 돕는 은혜를 공급받으며 살아야 합니다.

불순종한 대가를
치르다

──── 하나님은 불신앙으로 불순종한 아담에게 말씀하셨습니다. "네가 흙으로 돌아갈 때까지 얼굴에 땀을 흘려야 먹을 것을 먹으리니 네가 그것에서 취함을 입었음이라. 너는 흙이니 흙으로 돌아갈 것이니라."(창 3:19)

불순종한 아담은 경제적 저주를 받았습니다. 경제적 저주는 아담이 먹고살기 위해 죽을 때까지 이마에 땀을 흘려야 한다는 것입니다. 불순종한 아담은 사망의 저주도 받았습니다. 먹고살려고 애쓰다가 마지막에는 흙으로 돌아간다는 말입니다.

불순종한 하와는 인격적 저주를 받았습니다. 사모할 수 없는 인격을 사모하고, 다스림을 받을 수 없는 인격의 다스림을 받고 살게 되었습니다. 하나님께서 하와에게 "너는 남편을 원하고 남편은 너를 다스릴 것이니라"(창 3:16)라고 말씀하셨습니다. 반대로 아담은 인격적 저주로 아내를 사랑하고자 하나 사랑하지 못하고 미워하고 원망하게 되었습니다.

주님은 죄인들을 저주에서 구원하시기 위해 십자가 보혈로 모든 죗값을 치르셨습니다. 사도 바울은 "그리스도께서 우리를 위하여 저주를 받은 바 되사 율법의 저주에서 우리를 속량하셨으니"(갈 3:13)

라고 했습니다. 주님의 보혈을 의지하고 회개하여 죄 사함을 받고 구원받을 때 저주가 떠나갑니다. 하나님 나라를 살게 됩니다.

하나님 나라의 삶은 하나님께서 나와 함께하셔서 나의 인격을 다스려주시는 생활을 하는 것입니다. 주님이 다스려주시는 복을 받고, 모든 것을 진리와 사랑으로 다스리는 생활을 하는 것입니다. 하나님 나라를 살게 될 때 경제적 저주도 떠나갑니다. 주님은 "너희는 먼저 그의 나라와 그의 의를 구하라. 그리하면 이 모든 것을 너희에게 더하시리라"(마 6:33)라고 말씀하셨습니다.

사자의 입이 된
사람들

─────── 주님께서는 십자가에서 죽으셔서 마귀 권세를 깨뜨리셨습니다. 자신의 권세가 깨진 것을 안 마귀는 자기 힘으로 믿는 자들을 넘어뜨릴 수 없다는 사실을 알았습니다. 그래서 연약한 자들을 미혹하여 마귀의 일을 하게 했습니다. 그중에는 대제사장들과 서기관들과 바리새인들과 장로들이 있었습니다. 백성들도 있었습니다. 예수님의 제자인 가룟 유다도 있었습니다. 마귀에게 속한 그들이 예수님을 십자가에 못 박았습니다.

오늘날 마귀에게 미혹된 자들은 마귀의 졸개가 되어 마귀의 일을 합니다. 마귀에게 속한 자들은 물어뜯고 공격하는 사자의 입이 되어 복음을 전하는 자들을 핍박하고 위협해서 복음을 전하지 못하게 합니다. 복음으로 사는 그리스도인들을 조롱하여 복음으로 살지 못하게 합니다. 거룩하게 사는 자들을 협박하여 복음의 등불을 말 아래 감추게 하고 복음의 등불을 비추지 못하게 합니다.

사도 베드로는 이 같은 영적인 현실을 증거했습니다. "근신하라. 깨어라. 너희 대적 마귀가 우는 사자같이 두루 다니며 삼킬 자를 찾나니"(벧전 5:8)라고 했습니다. 마귀가 우는 사자처럼 복음 전하는 자들과 복음으로 사는 자들을 핍박하고 위협해서 믿음을 버리고 주님을 떠나게 만드는 영적인 현실에 깨어있어야 합니다.

마귀의 핍박과 미혹에 넘어지지 말고 믿음으로 대적하고 이겨야 합니다. 믿음으로 사자의 입을 이겨야 합니다. 복음을 전하지 못하게 하고 복음으로 살지 못하게 핍박하고 협박하는 자들의 악한 입을 이겨야 합니다. 베드로는 "너희는 믿음을 굳건하게 하여 그를 대적하라. 이는 세상에 있는 너희 형제들도 동일한 고난을 당하는 줄을 앎이라"(벧전 5:9)라고 했습니다.

무엇에
취했는가

───── 바울은 "술 취하지 말라. 이는 방탕한 것이니"(엡 5:18)라고 말했습니다. 술에 취하면 온몸이 술의 힘에 사로잡힙니다. 술의 힘으로 말하고 행동하게 됩니다. 술에 취하면 정신이 온전할 수 없습니다. 정신이 흐려집니다. 이성이 마비되고 의지가 약해지고 감정만 극대화됩니다. 감정에 따라 몸을 움직일 수밖에 없습니다. 감정에 끌리는 대로 행하니 포악해지고 폭력을 행하고 사랑하는 식구들을 괴롭히게 됩니다. 자기 조절 능력도 상실되어 죄 가운데 빠지고 맙니다.

성도들은 예수를 믿으면 술을 끊고 온전한 정신과 마음으로 믿음 생활을 하게 됩니다. 그런데 술을 끊고 믿음 생활을 하는 성도에게 이제 온전한 신앙생활을 하고 있느냐고 물으면 전부 아니라고 대답할 것입니다. 또 다른 술에 취하기 때문입니다. 다른 술은 물질입니다. 세상입니다. 육신의 쾌락입니다. 술에 취하지 않을지라도, 돈과 재물과 세상과 쾌락에 취해 정신을 차리지 못합니다. 술에 대해서는 경계심을 늦추지 않는데, 술보다 더 무서운 쾌락과 세상에는 경계심을 품지 않습니다. 그래서 온전한 심령을 갖지 못합니다.

바울은 술과 세상과 재물과 쾌락에 취하지 않기 위해서 "오직 성

부끄러움을 아는 교회

령으로 충만함을 받으라"(엡 5:18)라고 말했습니다. 성령에 취할 때 성령의 능력이 심령에 퍼지게 됩니다. 진리의 영이신 성령께서 우리가 진리에 대한 생각과 감정과 의지를 갖고 살도록 도우십니다.

오순절 마가의 다락방에 성령께서 강림하셨을 때 제자들은 성령이 말하게 하심을 따라 말하기 시작했습니다. 성령께서 입술의 말까지 통제하셨습니다. 제일 다스려지지 않는 게 입의 말입니다. 입의 말이 다스려진다는 것은 우리 심령과 인격이 성령으로 다스려진다는 뜻입니다. 온전한 생활을 하게 된다는 뜻입니다. 우리를 취하게 하는 것을 버리고 성령으로 사는 은혜를 구해야 합니다.

믿음은
생활이다

────── 믿음은 생활입니다. 주님으로 살고, 천국으로 사는 생활입니다. 주님은 포도나무 비유를 통해서 "나는 포도나무요 너희는 가지라. 그가 내 안에, 내가 그 안에 거하면"(요 15:5)이라고 했습니다. 이 말씀은 주님과 함께 사는 생활을 말하고 있습니다. 생활은 날마다 나를 씻고 나를 부인하고 주님의 말씀으로 사는 것입니다.

그런데 많은 그리스도인이 생활을 구하지 않고 열매만을 구합니다. 주님은 생활을 요구하시는데 우리는 열매를 요구합니다. 생활은 접어놓고 내게 필요한 것을 채워주시는 열매만을 구하기에 믿음 생활이 되지 않습니다. 믿음 생활이 되지 않는 것은 행위를 강조하기 때문입니다.

예배는 주님과 함께 사는 생활입니다. 예배는 내 몸을 하나님이 기뻐하시는 거룩한 산 제물로 드리는 것입니다. 주님의 은혜로 일주일 동안 살아낸 거룩한 실재를 드리는 일입니다. 그런데 예배 행위를 강조하고 있습니다. 전도도 주님과 함께 사는 생활입니다. 자신이 구원받고 거룩하게 변화되어 천국으로 사는 생활을 통해 그리스도를 전하는 일입니다. 그런데 전도 행위를 강조하고 있습니다. 기도도 주님과 함께 사는 생활입니다. 날마다 주님과 함께 사는 은혜를 구하고 주님으로 사는 생활입니다.

믿음 생활의 결과물이 행위인데, 예배와 기도와 전도의 행위만 강조하고 억지로 끄집어내려 한다면 잘못입니다. 행위를 끌어내기 위해 축복과 저주를 말한다면 악한 것입니다. 복 받을 조건으로 행위를 강조한다면 율법주의입니다.

믿음 생활은 주님과 함께 사는 거룩한 생활입니다. 믿음 생활이 이루어질 때 주님이 내 안에서 내 필요를 채워주시는 은혜를 받을 것입니다. 주님은 "너희가 내 안에 거하고 내 말이 너희 안에 거하면 무엇이든지 원하는 대로 구하라. 그리하면 이루리라"(요 15:7)라고 했습니다.

순종 욕구를
일으키는 성령

───── 사도 요한은 "너희는 주께 받은 바 기름 부음이 너희 안에 거하나니 아무도 너희를 가르칠 필요가 없고 오직 그의 기름 부음이 모든 것을 너희에게 가르치며 또 참되고 거짓이 없으니 너희를 가르치신 그대로 주 안에 거하라"(요일 2:27)라고 했습니다. 기름 부음이 가르친다고 했는데, 기름 부음은 능력이 아니라 인격체인 성령을 말하는 것입니다.

성도에게 모든 것을 가르쳐주시는 유일한 스승은 성령이십니다. 성령의 가르침은 참되고 거짓이 없습니다. 성령의 가르침을 받은 성도는 말씀에 순종하여 주 안에 거하며 주와 동행하는 생활을 합니다. 진리의 영이신 성령께서 진리 가운데로 인도해주시기 때문입니다. 진리의 영이신 성령을 받지 못한 사람은 말씀을 배울 수도, 깨달을 수도 없습니다. 따라서 하나님의 말씀에 순종할 수 없습니다. 주 안에 거하는 생활도 할 수 없습니다.

성령을 받은 성도는 하나님의 말씀에 지식 욕구를 갖기보다 순종 욕구를 갖게 됩니다. 성령을 받은 성도는 하나님의 말씀을 지식적으로 더 알고 배우려 하기보다 한 말씀이라도 더 깨달아 순종하고자 합니다. 성령을 받은 성도는 말씀의 지식을 더 알지 못해서 아파하기보다 하나님의 말씀에 더 순종하지 못해서 안타까워하고 아파 합니다.

성령을 받은 성도는 하나님의 말씀을 말다툼의 재료로 이용하지 않습니다. 가정에서 부모가 한 말을 논쟁거리로 삼아 싸우는 어린아이는 없습니다. 아이가 아무리 어리고 모자라도 부모의 말에는 순종해야 한다는 사실을 잘 알기 때문입니다. 기름 부음을 받은 성도, 성령을 받은 성도는 깨달은 말씀으로 논쟁하지 않습니다. 오히려 순종하기 위해 힘을 다합니다. 에스라가 여호와의 율법을 연구한 이유는 깨달은 말씀을 준행하기 위해서였습니다(스 7:10).

머리로 아는 자,
버리지 못한다

───── 엘리야는 그리스도를 예표하고 엘리사는 제자를 예표합니다. 하나님께서 엘리야를 하늘로 올리고자 할 때 엘리사가 따라왔습니다. 길갈에서 벧엘로, 벧엘에서 여리고로, 여리고에서 요단까지 따라왔습니다. 엘리사는 엘리야를 떠나지 않았습니다. 마지막으로 엘리야에게 "당신의 성령이 하시는 역사가 갑절이나 내게 있게 하소서"(왕하 2:9)라고 구했습니다.

불 수레와 불 말들이 두 사람을 갈라놓더니 엘리야는 회오리바람을 타고 승천했습니다. 엘리사는 자기 옷을 잡아 둘로 찢고 엘리야 몸에서 떨어진 겉옷을 주웠습니다. 엘리사가 요단 언덕에서 그 겉옷으로 "엘리야의 하나님 여호와는 어디 계시니이까"(왕하 2:14) 하며 물을 칠 때 물이 갈라져서 제자들에게 갔습니다. 이처럼 엘리사는 엘리야가 승천한다는 사실을 알고 끝까지 따라갔습니다. 엘리사는 엘리야를 따라가기 위해 모든 것을 버렸습니다. 자기 옷을 찢었고, 자기 것을 버렸습니다. 그리고 엘리야가 입었던 겉옷을 둘렀습니다. 그러나 다른 제자들은 엘리야가 들림을 받게 된다는 사실을 알면서도 엘리야를 따라가지 않았습니다.

이것이 주님을 머리로 아는 자와 실제로 아는 자의 차이입니다.

죄 사함을 받고 구원받았다는 사실을 머리로 아는 자는 주님을 따라가지 않습니다. 주님을 따르기 위해 모든 것을 버리지 않습니다. 죄 사함을 받고 구원받았다는 사실을 체험으로 아는 자는 받은 것이 실재이기에 모든 것을 버립니다. 자기를 부인하며 주님을 따라갑니다.

여자가 시집갈 때는 남편과 함께 살기 위해 모든 것을 버리고 남편을 따라갑니다. 이처럼 신랑이신 주님과 함께하기 위해 더러운 죄와 육신적이고 세상적인 것을 버리고 주님을 따르지 않는다면, 이 땅에서 주님과 함께 사는 복을 누리지 못합니다. 주님은 "내 이름을 위하여 집이나 형제나 자매나 부모나 자식이나 전토를 버린 자마다 여러 배를 받고 또 영생을 상속하리라"(마 19:29)라고 말씀하셨습니다.

빈 무덤 같은
심령으로

————— 마리아는 일곱 귀신 들린 방탕한 여인이었습니다. 구원받은 후에는 주님을 따라다니며 섬겼습니다. 주님이 돌아가신 후, 마리아는 주일 새벽 무덤을 찾아가 그 주검에 향유를 부으려 했으나 빈 무덤뿐이었습니다. 놀란 마리아는 제자들에게 달려가서 예수님이 무덤에 계시지 않는다고 말했습니다.

제자들 중 베드로와 요한이 무덤을 들여다보았으나 돌아가신 주님을 찾지 못했습니다. 베드로와 요한은 무덤을 보고 돌아갔을 때 예수님이 부활하셨다는 믿음을 갖고 돌아가지 않았습니다. 예수님의 주검이 없다는 사실만 확인하고 돌아갔습니다.

그러나 마리아는 주님이 없는 빈 무덤을 보고 울었습니다. 마리아도 예수님이 부활하셨다고 믿지는 않았으나 무덤에 예수님이 없는 모습을 보고 아파서 울며 주검만이라도 찾고자 했습니다. 부활하신 예수님은 다른 제자들에게 보이시기 전에 빈 무덤에서 울던 마리아를 먼저 만나 주셨습니다. 마리아에게 부활하신 주님으로 사는 은혜를 회복해 주셨습니다. 마리아의 무덤 같은 심령이 주님이 계시는 심령으로 바뀌었습니다.

주님이 만나주시는 은혜를 받은 사람은 마리아처럼 자신의 심령이 주님이 없는 빈 무덤 같다는 것을 보고 깨닫는 자입니다. 내가 빈 무덤 같은 심령이라는 사실을 깨닫고, 더 나아가 주님이 계시지 않아 아파하며 슬퍼하고 주님을 찾는 심령이 될 때 주님이 만나주십니다. 그렇게 주님이 계신 심령으로 변화되어 살게 하십니다. 빈 무덤 같은 자기 존재를 깨닫고 주님을 찾는 것이 놀라운 은혜입니다.

심령의 어둠을
밝히는 등불

———— 다시 오실 주님을 기다리려면 등불을 준비해야 합니다(마 25장). 등불은 어둠을 밝히는 데 씁니다. 등불이 없으면 어둠을 밝힐 수 없습니다. 주님 다시 오실 때 길이 어둡지 않도록 밝히는 용도는 아닙니다. 다시 오실 주님께는 등불이 필요치 않습니다. 다른 사람의 영적 어둠을 밝히는 용도도 아닙니다. 주님 맞이할 수 있도록 내 심령을 밝히는 데 필요한 등불입니다.

심령의 어둠을 밝히는 등불은 무엇입니까? 하나님의 말씀입니다. 그래서 시편 기자는 "주의 말씀은 내 발에 등이요 내 길에 빛이니이다"(시 119:105)라고 했습니다. 하나님 말씀이 등불 되어 내 앞길과 내 마음의 어둠을 밝힌다는 뜻입니다. 말씀의 등불이 밝게 비추어 내 마음과 영혼의 어둠을 밝혀야 합니다. 어둠이 떠나게 해야 합니다.

말씀이 등불인데도 빛을 비추어 심령의 어둠을 몰아내지 못하는 것은 기름이 없기 때문입니다. 기름이 없으면 등불을 밝힐 수 없습니다. 기름은 바로 주님의 은혜입니다. 주님의 은혜인 기름이 보충되지 않으면 등불은 꺼지고 심령의 어둠을 밝히지 못합니다. 어둠 가운데 살 수밖에 없습니다. 그러면 다시 오실 주님을 맞이할 수 없게 됩니다. 은혜가 공급될 때 말씀이 등불 되어 심령의 어둠을 밝혀 어둠이 떠나게 됩니다.

사도행전 교회에서 120명의 무리가 성령을 받아 주님의 은혜가 충만했을 때는 말씀의 등불이 환했습니다. 심령이 거룩하게 되어 주님과 함께 살 때 120명의 무리는 세상을 변화시켰습니다. 오늘날 에는 교인도, 교회도 많은데 세상이 변화되지 않고 있습니다. 등불 이 희미하든지, 꺼졌기 때문입니다. 다시 십자가 밑으로 나아가 은 혜를 받아서 말씀의 등불을 밝혀야 합니다. 말씀의 등불로 심령의 어둠을 몰아내고, 거룩하게 주님과 함께 살 때 세상을 비추는 빛이 됩니다.

함께 살면
보인다

──── 사람을 알려면 쳐다보고 관찰해야 합니다. 정보를 수집해서 그 사람을 평가해야 합니다. 그러나 사람을 인격적으로 깊이 알려면 자주 만나 교제하고 함께 살아야 합니다. 개도 주인과 함께 살면 자기 주인을 알아봅니다. 멀리서도 냄새와 소리로 주인을 알아보고 반깁니다.

믿음의 사람들이 주님을 안다고 할 때, 멀리서 보고 안다고 말할 수는 없습니다. 주님에 대한 정보를 수집해서 안다고 말할 수도 없습니다. 많은 정보를 통해 안다고 할지라도 주님께서 모른다고 하실 것입니다. 주님을 온전히 알려면 주님과 동행해야 합니다. 주님과 동행하며 사는 제자들만이 주님을 온전히 알 수 있습니다. 그렇게 주님의 은혜와 사랑, 거룩하심과 전능하심을 알아야 주님께서도 우리를 안다고 말씀하실 것입니다.

삭개오는 주님을 만나보고 싶었습니다. 그 마음이 얼마나 컸는지 다른 사람들이 하지 않는 행동을 했습니다. 돌무화과나무 위에 올라간 것입니다. 지나가시는 주님의 모습을 더 보고 싶었기 때문입니다. 주님께서 돌무화과나무 밑을 지나시다가 삭개오를 보시고 "내가 오늘 네 집에 유하여야 하겠다"(눅 19:5)라고 말씀하셨을 때,

삭개오는 급히 내려와 주님을 집에 모셨습니다.

주님과 하루를 같이 지낸 삭개오는 주님 앞에서 자기 죄를 보았습니다. 같이 살면 서로를 비추기 때문입니다. 실력 있는 사람하고는 함께 있기만 해도 나의 실력 없음을 분명하게 볼 수 있습니다. 거룩하신 주님과 함께 있으면 나의 허물과 죄가 보이고 깨달은 죄를 회개하게 됩니다.

삭개오는 주님께 고백했습니다. "내 소유의 절반을 가난한 자들에게 주겠사오며 만일 누구의 것을 속여 빼앗은 일이 있으면 네 갑절이나 갚겠나이다."(눅 19:8) 주님은 삭개오의 회개를 받으시고 "오늘 구원이 이 집에 이르렀으니 이 사람도 아브라함의 자손임이로다"(눅 19:9)라고 말씀하셨습니다. 주님을 아는 자는 주님과 함께 사는 자입니다.

마귀

팔복

───── 주님은 산상수훈에서 팔복을 말씀하셨습니다. 팔복을 통해 하나님 나라를 사는 영적 생활의 구체적인 모습을 우리에게 가르쳐 주셨습니다. 심령에 하나님 나라가 임한 사람은 영적인 것을 사모하고, 자기 죄를 늘 애통해하고, 말씀으로 다스림을 받으며, 하나님의 의에 주리게 됩니다. 심령에 하나님 나라가 이루어진 사람은 가정과 교회에서 하나님 나라의 생활을 합니다. 형제를 불쌍히 여기고, 청결하고 화평한 마음으로 형제를 대하며, 핍박받아도 하나님의 의로 삽니다. 하늘에서 그가 받을 상이 큽니다.

우리는 팔복 말씀을 통해 지옥 생활의 구체적인 모습도 생각해볼 수 있습니다. 심령에 마귀의 나라가 이루어진 사람의 모습은 어떻겠습니까? '심령이 살찐 자는 화가 있나니 지옥이 그들의 것임이요, 자만한 자는 화가 있나니 그들이 버림을 받을 것임이요, 혈기를 내는 자는 화가 있나니 그들이 지옥을 기업으로 받을 것임이요, 세상과 정욕에 주리고 목마른 자는 화가 있나니 멸망으로 배부를 것임이요'와 같습니다. 심령에 마귀의 나라가 임한 사람은 세상을 구하는 자이고, 자만한 자이고, 혈기를 내는 자이고, 정욕에 주린 자입니다.

심령에 마귀의 나라가 이루어지면 가정과 교회에서 마귀 나라의 생활을 하게 됩니다. '형제를 정죄하는 자는 화가 있나니 그들이 하나님의 정죄를 받을 것임이요, 마음이 악한 자는 화가 있나니 그들이 마귀를 볼 것임이요, 이간질하고 다투는 자는 화가 있나니 그들이 마귀의 자녀라 일컬음을 받을 것임이요, 형제를 실족케 하는 자는 화가 있나니 지옥이 그들의 것임이라. 마귀로 말미암아 형제를 욕하고 핍박하고 저주하는 자에게는 화가 있나니 기뻐하고 즐거워하라. 지옥에서 너희의 상이 큼이라'라고 볼 수 있습니다. 마귀 나라의 생활은 형제를 정죄하고, 마음의 악으로 대하고, 이간질하고 다투며, 형제를 욕하고 핍박하고 저주합니다.

기뻐할 것을
기뻐하라

———— 우리는 기뻐할 것을 기뻐해야 합니다. 기뻐하지 말아야 할 것을 기뻐하면 제대로 된 생활을 하기 힘듭니다. 아내는 남편을 기뻐하고 남편은 아내를 기뻐해야 합니다. 만일 아내가 남편이 아닌 많은 월급을 기뻐한다면 월급이 적은 남편을 기뻐하지 못합니다. 남편이 아닌 다른 것을 기뻐하면 기뻐하지 말아야 할 것을 기뻐하는 셈입니다. 쇼핑, 춤, 노는 것을 기뻐하고, 쾌락을 기뻐하게 됩니다.

하나님을 기뻐하지 못했던 아담과 하와는 선악과를 기뻐했습니다. "네가 먹는 날에는 반드시 죽으리라"(창 2:17)라는 하나님의 말씀을 가볍게 여겼습니다. 선악과를 먹으면 멸망한다는 사실을 아는데도 선악과를 먹었습니다. 우리도 하나님을 기뻐하지 못하면, 기뻐하지 말아야 할 선악과를 기뻐하게 됩니다. 쾌락의 선악과, 음란의 선악과를 기뻐하게 되어 영이 죽고 하나님과 분리되었던 아담과 하와처럼, 영혼이 죽고 하나님 없는 자가 되고 맙니다.

우리는 하나님을 기뻐해야 합니다. 느헤미야는 "여호와로 인하여 기뻐하는 것이 너희의 힘이니라"(느 8:10)라고 했습니다. 이 말은, 하나님을 기뻐하는 자는 기뻐할 것을 기뻐하게 되고, 기뻐하지 말아야 할 것을 기뻐하지 않게 된다는 뜻입니다. 하나님을 기뻐하면 사랑하는 아내를 기뻐하게 되고, 사랑하는 남편을 기뻐하게 됩니다. 부모와 자식, 믿음의 형제와 주의 일을 기뻐하고, 교회 생활을 기뻐합니다. 하나님을 기뻐하면, 기뻐하지 말아야 할 것은 멀리하게 됩니다.

살아있는 말씀이 주는
참된 위로

───── 하나님의 말씀이 내게 살아있습니까? 아니면 죽었습니까? 히브리서 기자는 하나님 말씀은 살아있다고 했습니다. "하나님의 말씀은 살아 있고 활력이 있어 좌우에 날선 어떤 검보다도 예리하여 혼과 영과 및 관절과 골수를 찔러 쪼개기까지 하며"(히 4:12)라고 증거했습니다. 하나님의 말씀은 살아있어 영적인 수술용 칼이 된다는 뜻입니다.

외과의는 날카로운 수술용 칼로 환부를 신속히 절개합니다. 병든 부분을 제거해서 환자를 살립니다. 수술용 칼이 무뎌지면 환자를 살리지 못하고 죽일 수 있습니다. 오늘날에는 전기 메스도 있습니다. 수술 부위를 절개하면 동시에 모세혈관을 지혈하여 출혈 없이 수술하게 합니다.

하나님의 말씀은 영적인 수술용 칼입니다. 하나님 말씀은 수술용 칼이 되어 영혼과 마음 깊은 곳에 숨겨진 더럽고 추악한 죄를 수술해 제거합니다. 그렇게 영혼을 살리고 마음을 정결하게 해서 주님과 연합되어 살게 합니다. 주님은 제자들에게 "너희는 내가 일러준 말로 이미 깨끗하여졌으니 내 안에 거하라"(요 15:3-4)라고 말씀하셨습니다.

만일 하나님의 말씀을 들을 때 그 말씀이 내 죄를 책망하고 나를 고치는 역사가 없다면 어떻겠습니까? 하나님 말씀이 살아있지 않고 죽은 셈입니다. 말씀이 죽게 된 것은 전하는 자가 하나님의 말씀을 하나님의 메시지(message)로 전하지 않았기 때문입니다. 성도들 듣기에 힘들다고 마사지(massage)용으로 전했기 때문입니다. 듣는 자가 말씀으로 고침을 받으려 하지 않기 때문이기도 합니다. 곧 말씀의 칼로 수술받고 고침을 받기보다, 마사지를 받아 위로받으려는 태도입니다. 이는 거짓 위로입니다. 우리가 말씀으로 고침을 받고 주님 안에 거할 때 주님께서 참된 위로를 주십니다. 내게 하나님의 말씀이 죽었다면 내 영도 죽은 것입니다.

지식화, 의식화,
생활화

───── 말씀은 아는 데서 그치지 말고 그대로 살아야 합니다. 오늘날 적지 않은 성도가 말씀대로 살지 못해 고통당합니다. 말씀대로 살려고 하는데 살아지지 않습니다. 말씀대로 살려면 먼저 말씀이 지식화되어야 합니다. 말씀을 깊이 알아야 한다는 말입니다. 말씀에 대한 지식이 깊어지려면 말씀을 계속 읽고 들어야 합니다. 한 번 듣고 이해하는 데 머무르면 안 됩니다. 읽고 들음으로 진리에 대한 통합적 지식을 갖게 됩니다. 말씀이 지식화되지 않으면, 교회 출석에 만족하고 교회 봉사로 자신의 믿음을 드러내는 종교적 신앙이 되고 맙니다.

　말씀이 지식화되었다면, 다음에는 말씀이 의식화되어야 합니다. 지식화된 말씀이 심령에 의식화되어야 합니다. 의식화는 말씀을 통해 심령이 거룩해지는 일입니다. "하나님의 뜻은 이것이니 너희의 거룩함이라"(살전 4:3)라는 말씀처럼, 말씀으로 심령을 씻고 진리의 인격으로 변화되어야 합니다. 사도 바울은 다메섹 도상에서 주님을 만난 후 아라비아사막에 들어가 3년 동안 말씀과 기도에 전념했습니다. 말씀과 기도로 심령을 씻고, 자신의 잘못된 모든 것을 고쳤습니다. 생각과 마음과 감정과 의지가 거룩해졌습니다. 말씀이 의식화된 것입니다.

　의식화된 말씀은 생활화로 이어집니다. 말씀의 생활화는 거룩해진 심령과 인격으로 주님이 기뻐하시는 뜻을 준행하는 것을 말합니다. 바울은 주님을 만나고 아라비아에서 시간을 보낸 후 고향 다소로 가서 10년 정도 영적 생활을 했습니다. 자신이 아는 주변 사람들에게 거듭난 모습을 생활로 보여주어 변화되었다고 인정받았습니다. 그 후 주님께서 바나바를 통해 바울을 쓰시는 역사가 나타났습니다. 우리 신앙이 어디에 머물렀는지 살펴야 합니다.

감동과 충격은
은혜가 아니다

──── 주님께서는 말씀을 통해 우리를 깨뜨리시고 변화시키길 원하십니다. 우리는 말씀으로 변화되는 은혜를 받기보다 감동하는 데 머물러 있습니다. 말씀에 감동하여 눈물을 흘려도 변화되지 않는 것은 은혜가 아니기 때문입니다. 감동은 감동일 뿐입니다. 감동은 찬양을 들을 때도 받습니다. 영화나 드라마를 볼 때도 받습니다. 드라마를 보고 눈물까지 흘릴 정도로 감동할지라도 심령이 변화되지는 않습니다. 감동은 은혜가 아니기 때문입니다.

때로는 말씀을 들으며 충격을 받기도 합니다. 바로 왕은 모세를 통해 하나님 말씀을 듣고 충격을 받아 "내가 범죄하였노라"(출 9:27) 라고 고백했습니다. 사울 왕은 아말렉 사람을 진멸하라는 하나님의 말씀에 불순종하고 좋은 것을 탈취했을 때 사무엘 선지자의 책망을 들었는데 "내가 범죄하였나이다"(삼상 15:24)라고 고백했습니다. 가룟 유다는 예수님을 판 죄를 뉘우치고 은 삼십을 대제사장들과 장로들에게 도로 갖다 주며 "내가 무죄한 피를 팔고 죄를 범하였도다"(마 27:4)라고 고백했습니다. 이들은 모두 자기 죄를 깨닫는 충격을 받았지만 회개하지 못했고, 변화되지 못했습니다. 충격은 은혜가 아닙니다. 충격일 뿐입니다.

변화되는 것만이 은혜입니다. 말씀은 나를 고치고 변화시키는 하나님의 은혜요, 하나님의 능력입니다. 말씀이 좌우에 날이 선 예리한 검이 되어 심령과 관절과 골수를 찔러 쪼개야 합니다(히 4:12). 말씀이 죄를 깨닫고 회개하게 하여 나를 수술하듯이, 나를 정결하게 하는 것이 주님의 은혜입니다. 말씀을 통해 나를 변화시키는 은혜가 나타나지 않으면 감동은 감동으로 끝납니다. 충격은 충격으로 끝나고 맙니다. 주님께서 말씀으로 나를 변화시켜 주시는 은혜를 구해야 합니다.

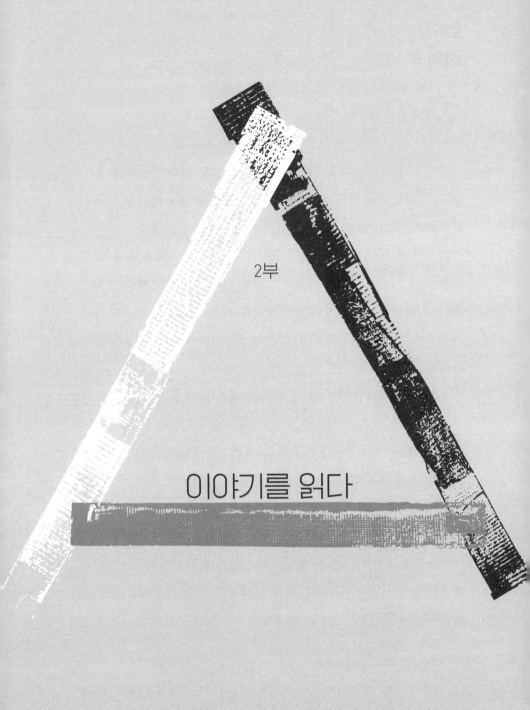

2부

이야기를 읽다

말씀
붙잡는 법

──────── 아버지가 아들에게 돈을 붙잡는 법을 알려주기 위해 절벽 위 소나무에 올라가 매달리라고 했습니다. 아들은 아버지 말을 듣고 절벽 위에 있는 나무에 올라가 매달렸습니다. 그때 아버지는 아들에게 한 손을 놓으라고 했습니다. 아들은 아버지 말을 따라 한 손을 놓았습니다. 그러자 아버지는 다른 손도 놓으라고 했습니다. 아들이 "아버지 이것마저 놓으면 죽어요"라고 외쳤을 때 아버지는 아들에게 "돈을 그렇게 붙들지 않으면 죽는다"라고 가르쳤다고 합니다.

우리는 "말씀을 붙들어야 한다"라는 말을 많이 듣습니다. 틀린 말은 아니지만 우리는 말씀을 붙들 수 없습니다. 인간은 언제나 자기중심적인 존재입니다. 붙든다고 하더라도, 자기에게 필요해 보이는 말씀만 붙들고 다른 말씀은 붙들지 않을 것입니다. 부담스럽지 않은 말씀만 붙들려고 할 것입니다. 이것은 말씀을 붙드는 삶이 아니라 자기 욕심을 채우기 위해 말씀을 이용하는 삶에 불과합니다. 말씀을 붙들려고 하다 보면 율법주의 신앙에 빠질 수도 있습니다. 자신의 육신적 힘과 노력으로 주님이 원하시는 것을 해드리려 하는 모습이기 때문입니다.

부끄러움을 아는 교회

참된 신앙생활은 내가 말씀을 붙드는 데 있지 않습니다. 말씀이 나를 붙드는 데 있습니다. 말씀이 나를 붙드는 일은 주님의 전적인 은혜의 역사입니다. 은혜는 내가 받을 수 없는 것을 받게 하고, 할 수 없는 것을 하게 합니다. 주님의 은혜가 임하면 회개하고 구원받는 것처럼 주님의 말씀이 나를 붙드는 역사가 나타납니다. 주님은 말씀으로 내 마음을 붙들어 주십니다. 말씀으로 내 생각을 붙들어 주십니다. 말씀으로 내 입술을 붙들어 주십니다. 말씀으로 내 삶을 붙들어 주십니다. 주님께서 말씀으로 나를 붙드는 역사가 나타난다면, 그때부터 주님을 닮아가고 주님과 동행하는 생활을 하게 됩니다.

도마뱀 꼬리
끊어내듯이

———— 도마뱀은 천적에게 잡히면 꼬리를 자르고 도망갑니다. 꼬리 자르기는 도마뱀이 자기 생명을 보존하기 위해 하는 행동입니다. 꼬리 하나를 아끼다가 생명까지 잃을 수 있기 때문입니다. 성도는 하나님께 받을 수 없는 복을 받았는데, 바로 영생의 복과 하나님 나라를 사는 복입니다. 영생은 하나님과 함께 사는 생명이기에 가장 중요합니다. 만일 영생으로 살지 못하는 일이 일어나면, 우리도 즉시 도마뱀처럼 꼬리를 끊고 도망해야 합니다.

꼬리 끊듯이 도망하라는 말은 얽매이기 쉬운 죄를 끊어야 한다는 뜻입니다. 좋지 못한 일에 얽매이는 습관을 끊어내야 합니다. 사람에게 얽매이는 일도 끊어버려야 합니다. 그렇지 않으면 영생으로 살기가 힘들어집니다. 그래서 찬송가 342장 〈너 시험을 당해〉에서 "네 친구를 삼가 잘 선택하고 너 언행을 삼가 늘 조심하라"라고 한 것입니다.

형들에게 배신당해 노예가 된 요셉은 얽매여야 하는 것이 많았습니다. 노예가 되었기에 주인에게 얽매여야 했습니다. 형들에 대한 분노와 복수심에 얽매일 수밖에 없었습니다. 좌절감, 자포자기, 온갖 죄에 얽매일 수밖에 없었습니다. 그러나 요셉은 어느 하나에도 얽매이지 않았습니다. 하나님과 살지 못하게 하는 모든 것을 끊어 버리는 은혜를 받았기 때문입니다. 도마뱀이 꼬리를 자르고 도망하듯 과거의 아픈 것을 끊어 버렸습니다. 분노와 복수심을 끊어 버렸습니다. 보디발 장군 아내의 유혹도 끊어버리고 도망했습니다. 하나님은 형들에게 배신당한 요셉을 버리지 않으셨습니다. 그와 함께하셔서 세워주시고 축복해 주셨습니다. 하나님의 모든 약속과 계시가 이루어지게 하셨습니다.

성경이 나를
읽어야 한다

──────── 사면이 거울로 이루어진 화장실이 있다고 생각해봅시다. 부끄러운 모습까지 나를 온전히 볼 것입니다. 어떤 사람은 변소에서 가장 겸손해진다고 했습니다. 자신의 부끄러운 모습을 마주하는 곳이기 때문이 아니겠습니까? 신앙생활은 사면에 말씀의 거울을 설치하여 나를 보는 것입니다. 그러나 성경을 수없이 읽어도 나를 보지 못하는 사람이 많습니다. 하나님의 말씀을 수없이 들어도 나를 보지 못합니다. 성경을 통해서도 보지 못하니, 어찌 주님을 보겠습니까?

어느 장로교 목사님이 간증하면서 자신을 '백파'라고 했습니다. 이 말은 처음 들었을 때 폭력배 조직 이름처럼 들렸습니다. 간증을 듣다 보니, 백파가 성경을 백 번 독파한 목회자를 지칭하는 말이라는 사실을 알았습니다. 성경을 백 번 독파한 것은 대단한 일입니다. 성경을 꿰뚫었을 것입니다. 존경심이 생겼습니다. 그러나 그는 주님을 만난 후 자신의 죄를 회개했는데, 자신이 백파라는 사실에 교만해져서 성경을 백 번 독파하지 못한 목회자를 무시했다는 것입니다. 더 큰 문제는, 성경을 백 번 독파했는데도 성경 말씀을 통해 자기 자신을 본 적도, 주님을 만난 적도 없었다는 고백이었습니다.

성경을 많이 읽는 것이 잘못은 아닙니다. 많이 읽어야 합니다. 말씀으로 진리에 대한 지식이 깊어져야 합니다. 그러나 말씀을 읽더라도 주님을 만나지 못하고, 순종하며 살지 못한다면 무슨 유익이 있을까요? 말씀으로 나를 본다는 말은, 성경을 읽을 때 내가 성경을 읽지 않고 성경이 나를 읽는다는 뜻입니다. 내가 성경을 읽고 말씀의 뜻이 무엇인지 묵상하기 전에, 성경이 나를 읽어야 합니다. 주님 앞에서 내 모습이 어떤지 봐야 합니다. 그럴 때 말씀으로 죄를 회개하고 주님께 가까이 갈 수 있습니다.

거북이 교인이
되지 않으려면

──────── 먹지 않고 생명을 보존할 수 있는 시간은 동물마다 다릅니다. 새는 9일, 사람은 12일, 개는 20일이라고 합니다. 거북이는 먹지 않고 500일을 견딜 수 있고, 뱀은 800일, 곤충은 1,200일을 생존한다고 합니다. 이런 상황에 빗대어 미국 교회에서는 말씀을 읽지 않고 신앙생활하는 교인을 '거북이 교인'(Turtle Christian)이라고 부릅니다. 거북이처럼 영의 양식을 먹지 않는데도 죽지 않고 오랜 시간 버티기 때문입니다.

주님은 열 처녀 비유를 통해 성령으로 사는 삶을 말씀하셨습니다. 슬기 있는 다섯 처녀와 미련한 다섯 처녀가 있었는데 겉모습은 거의 같았습니다. 모두 등불을 준비해 신랑을 기다렸습니다. 신랑이 더디 와서 모두 졸았고, 등불도 꺼졌습니다. 신랑이 온다는 소식을 듣고 잠에서 깬 슬기 있는 처녀는 즉시 준비된 기름을 보충했습니다. 이들은 다시 등불을 밝혀 신랑을 영접하고 천국 혼인 잔치에 들어갔습니다. 미련한 다섯 처녀는 기름이 없어서 잔치에 참여하지 못하고 쫓겨나고 말았습니다.

슬기 있는 처녀는 성령으로 사는 성도를 말하고, 미련한 처녀는 성령으로 살지 못하는 교인을 말합니다. 성령으로 살면서 주님을 보여주는 거룩한 빛을 비추기 위해서는 날마다 기름을 보충해야 합니다. 기름은 주님이 주시는 일용할 양식입니다. 거룩하게 살도록 하는 영의 양식입니다. 매일 영의 양식을 공급받아, 말씀에 순종하며 살면 거룩한 빛을 비출 수 있습니다.

기름은 날마다 더러워진 심령의 죄를 보고 씻는 주님의 은혜이기도 합니다. 우리가 날마다 주님께 영의 양식인 말씀을 공급받아 순종하면 거룩한 빛을 비추겠으나, 말씀에 불순종하면 영이 더러워집니다. 그러면 다시 주님의 보혈을 통한 은혜를 의지하여 불순종한 죄를 회개하고 씻어야 합니다. 그럴 때 성령 충만케 되어 주님을 보여주는 거룩한 빛을 비출 수 있습니다.

가장 무서운
교인

———— 어떤 부흥사가 집회 시간에 교인들을 닭에 비유했습니다. 그는 교인을 네 종류로 나누었는데, 종계(種鶏)와 같은 교인, 노계(老鶏)와 같은 교인, 투계(鬪鶏)와 같은 교인, 병계(病鶏)와 같은 교인이 있다고 했습니다.

종계 같은 교인은 사료를 잘 먹고 알을 잘 낳는 닭처럼 믿음 생활을 잘하여 수많은 영혼을 구원하며 보살핍니다. 노계 같은 교인은 사료만 축내고 알은 낳지 못하는 늙은 닭처럼 교회에 와서 먹기만 하고 영혼을 건지지는 못합니다. 늙은 닭은 압력솥에 넣고 삶지 않으면 질겨서 먹기도 힘듭니다. 노계 같은 교인은 무섭습니다.

투계 같은 교인은 날렵하고 성질이 사나워 다른 닭을 쪼는 싸움닭처럼 믿음 생활은 제대로 하지 않고 교인들과 싸우고 문제만 일으킵니다. 주위 모든 사람을 쪼아서 상처를 주며 교회를 어지럽힙니다. 타고난 성질이 사납다기보다 거듭나지 못하여 변화되지 못한 자입니다. 악한 자에게 속한 사람입니다. 투계 같은 교인은 노계 같은 교인보다 더 무섭습니다.

병계 같은 교인은 전염병에 걸려 주위 모든 닭을 병들어 죽게 하는 병든 닭처럼 모든 교인을 병들어 죽게 합니다. 은혜와 믿음을 떠

부끄러움을 아는 교회

64

나 육체의 정욕과 욕심으로 세상을 사랑하고 살면서 다른 교인까지 유혹에 빠지게 합니다. 싸움닭은 한두 마리의 닭에게 상처를 주지만, 병든 닭은 모든 닭을 죽게 만듭니다. 교회에서 가장 무서운 교인은 병계 같은 교인입니다.

백지수표

──────── 백지수표는 수표에 지급자 서명만 있고 금액은 적혀있지 않은 수표를 말합니다. 백지수표를 받은 사람이 원하는 액수를 적어서 내면, 수표를 발급한 사람은 얼마를 적었든지 그대로 내줘야 합니다. 백지수표는 능력이 특출한 사람을 회사로 불러오려 할 때 준다고 합니다. 능력 있는 연예인이나 엘리트 기술자를 불러올 때 최고로 대접하기 위해 하는 행동입니다. 백지수표를 받는 사람은 능력이 대단하다고 볼 수 있습니다.

정보통신부장관이었던 진대제는 미국 IBM에서 근무하던 중 1998년 우리나라에 외환 위기가 발생하자 우리나라로 돌아오려 했습니다. 그때 IBM 측에서 가지 말라고 붙잡으며 백지수표를 주었습니다. 진대제는 이를 거절했다고 합니다.

주님은 주의 자녀들이 믿음으로 살고 말씀으로 살면 백지수표를 주십니다. 뭐든지 구하는 대로 응답해 주시겠다는 말씀입니다. 주님은 제자들에게 "너희가 무엇이든지 아버지께 구하는 것을 내 이름으로 주시리라. 지금까지는 너희가 내 이름으로 아무 것도 구하지 아니하였으나 구하라. 그리하면 받으리니 너희 기쁨이 충만하리라"(요 16:23-24)라고 말씀하셨습니다.

백지수표를 받은 자가 원하는 액수를 적어냈을 때 돈을 받아 기쁨이 충만해지듯이, 우리도 주님의 이름에 합당한 삶을 살고 구하는 대로 받는다면 더할 나위 없이 기쁠 것입니다. 주님께서 구하는 대로 주시는 것은 우리가 주님이 기뻐하시는 심령이 되었기 때문입니다. 주님의 약속을 믿고 구원받았을 뿐 아니라, 거룩한 심령이 되어 주님으로 사는 자가 되었기 때문입니다. 우리는 주님께 백지수표를 받았습니다. 이 수표를 쓰는 자는 복된 삶을 삽니다. 쓰고 안 쓰고는 각자에게 달린 일입니다.

감격이
없다면

──── 하나님께서 아브라함에게 아들 이삭을 제물로 바치라고 하셨을 때 아브라함의 마음은 아팠을 것입니다. 아들 이삭은 아브라함에게 삶의 마지막 희망이요, 기쁨이었기 때문입니다. 그러나 아브라함은 하나님의 명령에 따라 이삭을 제물로 바쳤습니다. 그의 믿음은 하나님을 경외하고 순종하는 믿음이었습니다.

렘브란트는 아브라함이 이삭을 제물로 바치는 장면을 그렸습니다. 1635년에 그린 〈이삭을 제물로 바치는 아브라함〉에는 천사와 아브라함, 이삭의 순서로 표현되어 있습니다. 아브라함이 왼손으로 이삭의 얼굴을 누르고 오른손에 든 칼로 이삭을 베려고 하는데 천사가 나타나 제지하는 장면입니다. 난데없이 등장한 천사에게 놀란 아브라함을 날 선 칼을 떨어뜨렸습니다. 불과 몇 초만 늦었어도 이삭은 살아남지 못했을 것입니다. 그림을 확대하면, 아브라함의 눈에 고인 눈물이 보인다고 합니다.

아브라함이 이삭을 제물로 바칠 때 눈물을 흘렸습니다. 하나님보다 아들을 더 사랑했던 자신의 죄를 깨달았기 때문입니다. 이후 하나님께서 준비하신 숫양을 제물로 바칠 때 눈물을 흘렸을 것입니다. 이 양 때문에 아들이 살아났기 때문입니다. 우리 눈에 눈물이 있는지 살펴야 합니다. 눈물이 없는 것은 하나님을 더 사랑하지 못하는 자신에 대한 아픔이나, 감당할 수 없는 하나님의 사랑에 대한 감격이 없어서입니다.

드라마를 보면서는 감격하여 눈물을 흘리는데, 하나님이 베풀어 주신 구속의 사랑을 말하며 감격이 없고 눈물이 없다면 잘못된 것입니다. 주님의 사랑과 은혜에 대한 감동이 없으니 어제 드린 예배와 오늘 드린 예배가 똑같습니다. 감격도 없고, 눈물도 없고, 새로운 고백도 없는 예배를 드리게 됩니다. 예배를 드려도 생명력 없는 예배가 됩니다. 하나님께서는 그런 예배를 기뻐하시지 않습니다.

보혈의 능력이
있습니까

──── 옛날 어느 시내버스에 판매원이 올라오더니 자기 옷을 사인펜으로 긋기 시작했습니다. 그 후 약을 꺼내 더러워진 옷에 칠하니 사인펜 자국이 깨끗하게 없어졌습니다. 판매원이 "단돈 천 원"이라고 하니, 너도나도 샀습니다. 씻길 수 없다고 생각한 물건이 씻기는 장면을 보니, 너나 할 것 없이 다 샀던 것입니다. 더러운 것을 말끔히 지우는 능력 때문입니다.

주 보혈의 능력은 사인펜 자국을 지우는 일과는 비교할 수 없을 정도로 더 크고 놀랍습니다. 평생 지은 죄를 씻는 능력입니다. 사인펜 자국을 지우는 약은 천 원을 내야 살 수 있지만, 평생 지은 죄를 씻는 보혈은 하나님께서 거저 주십니다. 그런데도 주의 보혈을 믿지 않는 것은, 그 능력이 예수 믿는 자들을 통해 나타나지 않기 때문입니다.

실제로 오늘날 교회에서는 보혈의 능력이 나타나지 않는다고 봐도 틀리지 않습니다. 보혈에 능력이 없어서가 아닙니다. 능력을 보여주는 자가 희귀한 탓입니다. 보혈의 능력으로 사는 신자가 많지 않기 때문입니다. 보여주지 못해서 믿지 못합니다. 보혈의 능력을 보여주지 못한다면, 그는 구원을 못 받았든지 주님을 잃어버리고 사는 것입니다.

예수 그리스도께서 십자가에서 우리 죄를 대신 짊어지시고 심판을 받아 피 흘리며 돌아가셨고, 사흘 만에 부활하셨습니다. 주님께서 몸으로 죗값을 치르셨습니다. 그러므로 누구든지 죄를 회개하고 예수님을 구주로 믿기만 하면 용서와 구원을 받습니다. 이것이 주의 은혜입니다.

주님과 함께 사는 믿음 생활을 할 때 죄와 세상을 이기며 살게 됩니다. "그러므로 이제 그리스도 예수 안에 있는 자에게는 결코 정죄함이 없나니 이는 그리스도 예수 안에 있는 생명의 성령의 법이 죄와 사망의 법에서 너를 해방하였음이라."(롬 8:1-2) 보혈의 능력으로 살고, 보혈의 능력을 보여주는 신앙생활을 해야 합니다.

가면을 벗는
예배

———— 9천 년 전 사용된 가면 12종이 발굴되었습니다. 전문가들은 사교 모임에서 썼다고 추정합니다. 사람이 가면을 쓰는 이유는 신분을 감추기 위해서입니다. 자신의 부끄러운 모습을 감추고, 좋은 모습만 보이기를 바라기 때문입니다.

오늘날 가면은 신분 세탁에 비유되기도 합니다. 오래전 어느 영화감독이 교회는 간첩과 사기꾼이 들어오기 좋은 곳이라서 항상 살펴야 한다는 말을 한 적이 있습니다. 교회는 신분을 세탁하기 쉬운 곳입니다. 교회에 들어와 열심히 봉사하고 헌신하면 좋은 사람으로 쉽게 인정받기 때문입니다. 간첩과 사기꾼이 교회에 들어와 인정받은 후에 해를 입히는 일도 발생합니다.

그러나 교회는 가면을 쓰는 곳도 아니고, 신분을 세탁하는 곳도 아닙니다. 선행과 헌신으로 가면을 쓰고 하나님과 성도들에게 좋게 보이기 위한 곳은 더더욱 아닙니다. 오히려 교회는 예배를 통해 가면을 벗고 자신의 실제 모습을 하나님께 드러내는 곳입니다. 그리하여 더러운 죄를 회개하고 죄 사함을 받는 곳입니다. 심령이 새롭게 회복되어 하나님 임재의 축복을 누리는 곳입니다.

주님은 "하나님은 영이시니 예배하는 자가 영과 진리로 예배할

부끄러움을 아는 교회

지니라"(요 4:24)라고 말씀하셨습니다. 이 말은 성령과 실재로 예배한다는 뜻입니다. 예배는 성령으로 사는 실재를 갖고 와서 하나님을 경배하는 일입니다. 성령으로 사는 실재가 없다면, 성령으로 살지 못한 실재를 갖고 나와 회개해야 합니다.

우리는 다시 심령을 회복하여 성령으로 사는 복을 받아 누려야 합니다. 우리가 어떤 가면을 쓴 채로 예배드렸는지 살펴보고, 회개하여 회복된 심령으로 주님의 임재 가운데 사는 은혜를 받아 누려야 합니다.

영적
게으름

─────── 옛날에 어떤 사람이 길을 가다가 길가에 누워있는 게으름뱅이 세 명을 만났습니다. 이 사람이 그들 중 가장 게으른 사람에게 15센트를 주겠다고 말하자, 첫 번째 게으름뱅이가 벌떡 일어나 자기가 제일 게으르다고 하면서 돈을 달라고 했습니다. 그러자 두 번째 게으름뱅이가 누워있는 채로 몸을 돌리면서 자기가 제일 게으르다고 하면서 돈을 달라고 했습니다. 그랬더니 세 번째 게으름뱅이는 움직이지도 않은 채 "그 돈을 내 호주머니에 넣으시오"라고 말했습니다. 그가 제일 게으른 자였습니다. 세상에서 게으른 자가 가질 수 있는 것은 아무것도 없을 것입니다.

문제는 우리가 영적인 일에 게으르다는 사실입니다. 사업이나 운동이나 특별한 모임을 위해서는 부지런하게 일을 하는데, 자신의 영혼과 주님과 함께 사는 천국 생활에는 관심 두지 않고 게으름을 피웁니다. 기도 생활에 게으릅니다. 성경 공부에 게으릅니다. 영적 교제에 게으릅니다. 전도에 게으릅니다. 게으른 자는 은혜를 받을 수 없습니다. 그래서 지혜자는 "게으른 자는 마음으로 원하여도 얻지 못하나 부지런한 자의 마음은 풍족함을 얻느니라"(잠 13:4)라고 했고, 게으른 자를 향해 "네 빈궁이 강도 같이 오며 네 곤핍이 군사

같이 이르리라"(잠6:11) 경고하기도 했습니다.

　영적 게으름은 주님의 은혜와 성령의 도우심과 역사가 없는 삶을 살게 합니다. 영적 궁핍함이 강도같이 들어올 것입니다. 그뿐 아니라 게으른 자에게는 신앙생활의 모든 것이 형식화됩니다. 영적 생활(spiritual life)은 성령으로 사는 생활입니다. 성령으로 사는 생활에서 성령이 떠나면 의식적 생활(ritual life)로 전락하게 됩니다. 성령이 떠나면 모든 게 형식이 되고 맙니다. 예배도 형식이 됩니다. 기도와 전도, 봉사도 형식이 됩니다. 곤고한 심령으로 살게 됩니다. 영적 게으름은 신앙생활에서 가장 무서운 적입니다.

사랑과
욕망 사이

──────── 로마의 신 가운데 야누스(Janus)라는 신이 있습니다. 야누스는 머리의 앞뒤로 얼굴이 붙어있어서, 두 얼굴로 모든 것을 보고 알 수 있습니다. 이는 모든 것을 보고 모든 것을 소유하고자 하는 인간의 욕망을 형상화한 모습이기도 합니다. 욕망은 인간에게 하나만 바라보게 하지 않습니다. 욕망에 이끌린 인간은 모든 것을 보고, 보이는 모든 것을 소유하고자 합니다.

그러나 사랑은 하나만을 바라봅니다. 하나만 바라본다는 것은 하나만을 사랑한다는 뜻입니다. 하나만 바라본다는 것은 사랑하는 대상에 눈을 고정시킨다는 말입니다. 또한 사랑하지 않는 다른 것에는 등을 돌린다는 말입니다. 모든 것을 다 보기 원해서 두리번거린다면 이미 욕망에 빠진 것입니다.

신앙생활은 주님만 바라보는 것입니다. 주님만을 바라본다는 것은 주님만을 사랑한다는 뜻입니다. 주님 외에 다른 것에는 등을 돌리고, 다른 것은 사랑하지 않는다는 말입니다. 만일 주님 외에 다른 것을 바라보고 사랑한다면 그는 주님을 사랑하는 자가 아닙니다. 사랑이 아닌 욕망에 빠진 것이며, 욕망의 신을 섬기는 자입니다. 주님을 사랑하는 자는 세상과 세상 영광에 등을 돌립니다.

부끄러움을 아는 교회

히브리서 기자는 "믿음의 주요 또 온전하게 하시는 이인 예수를 바라보자"(히 12:2)라고 했습니다. 주님을 바라본다는 것은 주님께 내 눈을 고정시키고 주님만을 사랑하는 것입니다. 주님은 주님만 바라보는 자에게 믿음을 주시고 온전케 되는 복을 누리게 하십니다.

무한
리필

──── 무한 리필 음식점들이 있습니다. 불경기가 계속되면서 지갑 사정이 넉넉지 않은 이들을 대상으로 성업하고 있습니다. 사람들이 무한 리필을 좋아하는 것은 적은 돈으로 좋은 음식을 실컷 먹을 수 있기 때문입니다.

믿음의 세계에도 무한 리필이 있습니다. 우리 죄를 씻기 위해 흘려주신 주님의 보혈은 무한 리필입니다. 죄를 씻는 길은 주님의 보혈밖에 없는데, 주님께서는 보혈로 한 번만 죄를 씻게 하시지 않았습니다. 우리가 지은 죄를 씻기 위해 십자가 밑에 나아가 보혈의 공로를 믿음으로 회개하기만 하면 주님은 또다시 보혈로 우리 죄를 씻어주십니다.

주님께서는 베드로에게 형제를 얼마큼 용서해야 하는지 가르침을 주셨는데, "일곱 번뿐 아니라 일곱 번을 일흔 번까지라도 할지니라"(마 18:22)라고 하셨습니다. 형제를 용서해야 한다는 말씀이었지만, 주님께서도 우리가 지은 죄를 깨닫고 회개하면 일곱 번씩 일흔 번이라도 용서해 주신다는 말씀입니다. 그래서 찬송가 258장 〈샘물과 같은 보혈은〉 3절에서 "샘솟듯 하는 피 권세 한없이 크도다"라고 했습니다. 피 권세가 한없이 크다는 말은 믿고 회개하는 자를 주

부끄러움을 아는 교회

님께서 끝없이 씻어주신다는 뜻입니다. 그러므로 주님의 보혈은 믿는 자에게 무한 리필입니다.

이렇게 날마다 지은 죄를 그리스도의 보혈로 씻어 정결케 하는 것이 주님 안에 거하는 생활입니다. 육을 따라 살지 않고 영을 따라 사는 삶입니다. 성경은 어린양의 피로 두루마기를 항상 빠는 자가 복이 있다고 말씀하셨습니다. "자기 두루마기를 빠는 자들은 복이 있으니 이는 그들이 생명나무에 나아가며 문들을 통하여 성에 들어갈 권세를 받으려 함이로다."(계 22:14) 날마다 내 죄를 회개하여 사해주시는 은혜를 받을 때 영생으로 살게 되고 하늘나라에 들어갈 권세를 얻게 됩니다.

세탁기와
보혈

───── 하나님은 죄를 사하시는 분입니다. 십자가는 죄를 씻는 곳입니다. 주님이 십자가에서 흘리신 속죄의 피를 의지할 때 죄를 씻을 수 있습니다. 주님의 십자가 보혈을 의지하고 회개하면, 하나님께서는 그 피로 모든 죄를 씻어주십니다. 죄를 씻고 사는 것이 신앙생활입니다.

세탁기를 사놓고 사용하지 않으면 아무 유익이 없습니다. 세탁기가 있어도 사용하지 않으면 옷을 깨끗하게 할 수 없습니다. 세탁기로 더러워진 옷을 빨 수 있다는 지식이 있어도 정작 사용하지 않는다면 깨끗하게 할 수 없습니다. 예수 그리스도의 십자가 보혈로 모든 죄를 씻을 수 있고 죄에서 해방된다는 지식이 있을지라도 주님의 보혈을 사용하지 않으면 죄를 씻을 수 없습니다.

세탁기를 사용하듯이 십자가 보혈을 사용해야 합니다. 세탁기로 빨래하면 편하고 좋다고 말하면서 세탁기를 사용하지 않고 손빨래한다면 그는 어리석은 사람입니다. 예수 그리스도를 믿으면 죄 사함을 받는다고 말하면서 손빨래하듯이 자신의 봉사와 헌신과 선행으로 죄를 씻으려 한다면 그는 어리석은 사람입니다.

세탁기를 사용하는 것은 옷이 더러워졌다는 사실을 고백하는 일

부끄러움을 아는 교회

입니다. 옷이 더러워지지 않았는데 세탁기를 사용하지는 않습니다. 십자가 보혈도 심령의 더러운 죄가 보일 때 사용합니다. 주님의 보혈을 의지하고 사용한다는 말은 내 죄를 회개한다는 뜻입니다. 회개하지 않는 사람은 세탁기를 사용하지 않는 사람과 똑같습니다.

더러운 죄를 회개하는 자는 십자가를 믿고 주님을 믿는 사람입니다. 요한은 "만일 우리가 우리 죄를 자백하면 그는 미쁘시고 의로우사 우리 죄를 사하시며 우리를 모든 불의에서 깨끗하게 하실 것이요"(요일 1:9)라고 했습니다. 하나님은 우리가 주님의 보혈을 의지하고 회개할 때 모든 죄를 사하여 주십니다.

진정한 감사는
기적을 낳는다

───── 미국의 어느 크리스천 가정의 딸이 정신이상으로 병원에 입원했습니다. 부모는 하나님께 매달려 기도했고, 교회에서도 성도들이 중보기도했습니다. 조금도 차도가 없었습니다. 의사는 절망적이라고 했습니다.

하루는 딸의 아버지가 하나님과의 관계를 하나하나 점검해 보았습니다. 그중 하나님께 감사하지 못한 점이 마음에 걸려 아내에게 말했습니다. 아내는 딸이 미쳐서 병원에 입원했는데, 어떻게 항상 기뻐하며 감사할 수 있느냐고 항의했습니다. 그러나 남편은 "하나님이 하라고 하시는 것을 우리가 하면, 다음은 하나님이 일하실 차례가 아니겠냐"라고 말했고, 하나님이 하라는 대로 무조건 해보자고 했습니다.

남편은 눈물로 기도했습니다. "하나님 우리 딸이 미친 것도 감사합니다. 의사가 고칠 수 없다고 한 것도 감사합니다. 절망적인 상태에 있는 것도 감사합니다. 우리가 사랑하는 것과는 비교도 안 될 정도로 주님이 딸을 더 사랑하시니 감사합니다. 항상 기뻐할 수 있는 믿음을 주옵소서." 다음 날 아침, 의사에게서 전화가 왔습니다. 밤사이 딸의 병세가 놀랍도록 좋아졌다고 했습니다. 진정한 감사와 찬양은 기적을 낳습니다.

　존 조웨트는 감사하는 생활에는 세 가지 효능이 있다고 했습니다. 첫째는 예방제, 둘째는 해독제, 셋째는 방부제입니다. 감사는 고통스러운 일이 일어났을 때 예방제가 되고, 해독제가 됩니다. 심령이 부패하지 않도록 돕는 방부제가 되기도 합니다. 감정이 치밀어 불평과 원망이 가득 차더라도 주님의 은혜를 생각하며 감사해야 합니다. 사도 바울은 "아무 것도 염려하지 말고 다만 모든 일에 기도와 간구로, 너희 구할 것을 감사함으로 하나님께 아뢰라. 그리하면 모든 지각에 뛰어난 하나님의 평강이 그리스도 예수 안에서 너희 마음과 생각을 지키시리라"(빌 4:6-7)라고 했습니다.

어떤
그릇인가

──────── 그릇에는 여러 종류가 있습니다. 상용 그릇은 매일 사용하는 그릇으로, 밥과 반찬과 국을 담는 데 사용합니다. 귀한 재료로 만들어지지는 않았지만, 생활에 없어서는 안 됩니다. 일회용 그릇은 말 그대로 일회용입니다. 한 번 사용하고 버리는 그릇입니다. 진열용 그릇도 있습니다. 어쩌다 한번 쓸 수도 있지만, 버리기 아깝고 사용하기 애매해서 진열대에 올려놓는 그릇입니다.

하나님의 일꾼 중에도 여러 종류가 있습니다. 그중 '일회용 일꾼'은 아무리 능력이 많고 존귀하더라도, 자기 욕심과 뜻대로 일하기에 한 번 쓰고 버릴 수밖에 없습니다. '진열용 일꾼'은 버릴 수도 없고 쓸 수도 없는, 이름뿐인 일꾼입니다. '상용 일꾼'은 주님께서 복음과 사랑을 증거하는 데 언제든 쓰실 수 있는 일꾼입니다. 없으면 주님이 힘들어하시는 일꾼입니다.

주님이 늘 쓰시는 상용 일꾼은 귀하거나 능력이 많은 자가 아닙니다. 심령이 거룩하고 깨끗한 자입니다. 이들은 자기를 부인하고 주님 뜻에 헌신합니다. 바울은 "큰 집에는 금 그릇과 은 그릇뿐 아니라 나무 그릇과 질그릇도 있어 귀하게 쓰는 것도 있고 천하게 쓰는 것도 있나니 그러므로 누구든지 이런 것에서 자기를 깨끗하게 하면 귀히 쓰는 그릇이 되어 거룩하고 주인의 쓰심에 합당하며 모든 선한 일에 준비함이 되리라"(딤후 2:20-21)라고 했습니다. 성도라면 누구나 주님이 언제든 쓰실 수 있도록 깨끗한 심령이 되기 위해 힘써야 합니다.

맹장 같은
교인

─────── 맹장은 평상시 별로 사용되지 않는 장기입니다. 쓸모없다고 여겨졌기에 예전에는 미리 떼어내도 상관없다고 말하기도 했습니다. 그런 맹장도 필요한 것처럼 느껴질 때가 딱 한 번 있습니다. 맹장염에 걸릴 때입니다. 맹장염에 걸리기 위해 맹장이 있는 것처럼 느껴집니다.

교회에도 맹장 같은 교인이 있습니다. 은혜받을 때, 기도할 때는 보이지 않습니다. 은혜받는 자리에, 기도하는 자리에 나타나지 않습니다. 맹장처럼 평상시 없는 것처럼 보이다가도, 시험이 들 때만 존재를 드러냅니다. 맹장염에 걸리면, 없어도 티가 나지 않는 맹장 하나 때문에 온몸이 고통당합니다. 평상시 없어도 티가 나지 않는 신자 하나가 시험에 들어 주의 모든 사람을 고통당하게 합니다. 자기 가정을 고통당하게 합니다. 온 교회를 고통당하게 합니다. 맹장 같은 교인입니다.

맹장염에 걸리면 온몸으로 느끼는 고통을 제거하기 위해 수술해야만 합니다. 의사가 수술해서 맹장을 잘라내듯이, 하나님께서도 맹장염 같은 교인을 잘라내셔서 치료하십니다. 하나님은 아브라함에게서 롯을 잘라 내셨습니다. 아브라함이 하나님의 말씀을 따라 약속의 땅에 들어왔을 때 그곳에 기근이 들었습니다. 아브라함은 기근을 피하려고 애굽으로 내려갔습니다. 육신적인 믿음을 가진 롯이 기근을 피하기 위해 잠깐 애굽에 갔다 오는 것이 지혜롭지 않느냐고 계속 말했기 때문입니다. 믿음이 연약했던 아브라함이 조카 롯의 말을 들었던 것입니다.

아브라함은 말씀을 떠나 애굽에 내려갔다가 기근보다 더 큰 고통을 당하고 돌아왔습니다. 아브라함은 회개하고 심령이 회복되었으나 롯은 애굽을 그리워했습니다. 롯이 애굽 생활을 사모하자 하나님은 아브라함에게서 롯을 떼어 내셨습니다. 시험이 들 때만 필요한 롯을 떼어 내셨습니다. 맹장 같은 교인이 되면 안 됩니다.

붙들지 않으면
넘어진다

────── 버스가 급정거하면 모두 넘어지게 됩니다. 서있던 승객들이 넘어지고, 앉아있던 승객들은 자기도 모르는 사이 버스 앞까지 굴러갈 수 있습니다. 그러나 아무리 급정거하더라도 버스 안에서 안전 손잡이를 굳게 붙드는 사람은 넘어지지 않습니다. 손잡이가 지탱하기 때문입니다.

신앙생활도 마찬가지입니다. 우리 모두 주님을 믿기 전에는 넘어진 자였습니다. 주님을 믿고 구원받은 후에는 일어선 자가 되었습니다. 구원받고 주님의 은혜 안에서 사는 자가 되었습니다. 우리가 구원받는 큰 은혜를 받았을지라도 넘어질 수 있다는 사실을 염두에 두어야 합니다. 구원받은 하나님의 자녀들이 넘어지는 것은 주님을 붙들지 않았기 때문입니다. 주님을 붙들지 않으면 아무리 큰 은혜를 받았다고 해도 넘어질 수밖에 없습니다.

하나님의 자녀들을 넘어지게 하는 것은 구원받은 후에 짓는 죄입니다. 구원의 은혜를 받아도 다시 죄를 지으면 마귀가 심어주는 죄책감과 정죄 의식 때문에 넘어집니다. 마귀의 정죄 의식으로 스스로 정죄합니다. 정죄 의식이 들어오면 하나님의 사랑을 의심하게 됩니다. 두 번 다시 하나님이 나를 사랑하지 않으실 것이라는 마음이 듭니다. 구원받은 내가 다시 죄에 넘어졌으니 주님이 날 사랑하실 수 없다고 생각합니다. 이제 복을 받을 수 없고 잘될 리 없다고 생각하게 됩니다. 이것이 심령이 병들고 가정생활과 교회 생활이 병드는 요인입니다.

주님의 십자가를 붙들어야 합니다. 찬송가 270장 〈변찮는 주님의 사랑과〉를 보면, "십자가 단단히 붙잡고 날마다 이기며 나가세. 머리에 면류관 쓰고서 주 앞에 찬양할 때까지"라고 했습니다. 넘어져도 주님의 십자가를 붙들고 보혈을 의지하면 다시 죄 사함을 받을 수 있습니다. 다시 일어설 것입니다.

말씀 묵상의
비결

—————— 군대에서 부모님 편지를 받고 읽으면 눈물을 흘리게 됩니다. 글을 읽고 우는 것이 아닙니다. 편지로 부모님의 인격과 마음과 사랑을 읽기 때문에 울게 됩니다. 성경은 하나님의 사랑이 담긴 편지입니다. 우리는 성경을 읽을 때 주님의 뜻을 깨달을 뿐 아니라, 주님의 마음을 읽게 되어 영적 감동을 받아 그 사랑 앞에서 울게 됩니다.

이처럼 성령께서 말씀을 통해 주님의 마음을 알게 하시면 성경 강해가 필요하지 않습니다. 성령을 통해 영감과 감동을 받아 마음에 변화가 일어나기 때문입니다. 때로는 많은 강해와 설교가 오히려 말씀을 가리기도 합니다. 말씀에 달린 토를 읽어서 그 설명만 의지하면, 말씀을 통해 성령께서 주시는 깨달음이나 주님의 마음을 읽지 못하게 됩니다.

우리는 성령께서 주님의 뜻을 깨닫게 하여 그리 살도록 하실 때까지 말씀을 묵상해야 합니다. 주야로 말씀을 묵상하라는 주님의 말씀은 우리 생각과 사상이 하나님 말씀으로 변화될 때까지 묵상해야 한다는 뜻입니다. 세상 생각이 우리 인격에 배어있기 때문입니다. 세상 것들을 생각하고 세상 것들로 판단하고 말합니다. 세상 환경과 육적 환경에서 성령의 역사를 체험하기보다 마귀의 역사로 미혹을 받고 넘어지는 일이 더 많습니다. 우리가 얼마나 말씀에 미쳐야 마귀를 이기고 세상과 자아를 이기는 삶을 살 수 있겠습니까? 하나님 뜻으로 생각하고 판단하고 말하는 생활이 나올 때까지 말씀에 미쳐야 합니다.

이제는 주야로 말씀을 묵상하여 하나님 말씀이 심령에 배어들어야 합니다. 행위와 행실이 바뀔 때까지 묵상해야 합니다. 믿음은 쌍방적입니다. 하나님이 함께하시면 나도 주님과 함께해야 합니다. 그러려면 율법책이 입에서 떠나지 않게 하여 주야로 묵상해야 합니다 (수 1:8).

신앙에는
분리수거가 없다

———— 분리수거는 쓰레기가 환경문제로 대두되면서 만들어진 제도입니다. 재활용할 수 있는 쓰레기와 재활용할 수 없는 쓰레기를 분류하여 재활용 쓰레기를 다시 자원으로 활용하면 환경오염을 줄일 수 있습니다. 그래서 가정마다 캔과 플라스틱과 종이를 분리 배출하고, 재활용할 수 없는 쓰레기는 종량제봉투에 담아 배출합니다.

그러나 신앙생활에는 분리수거도 없고 분리배출도 없습니다. 주님은 죄를 분리수거하지 않으시기에 성도들은 죄를 분리배출하면 안 됩니다. 죄를 분리배출한다는 말은 사람들에게 보여도 괜찮은 죄와 보이면 부끄러운 죄를 분리해서 회개한다는 뜻입니다. 버릴 죄와 숨길 죄, 드러낼 죄와 감출 죄를 분리해서 회개하는 것입니다. 죄를 분리배출하는 선택적 회개는 온전한 회개가 아닙니다. 회개하더라도 주님 안에 거하는 복을 누리지 못합니다.

예를 들면, 간음은 더럽고 부끄러운 죄입니다. 자백하고 버리고자 할 때 인간적인 생각이 들어갑니다. 자백했다가 지금까지 쌓아 놓은 인간적 명예와 체면과 위신이 땅에 떨어질 것 같습니다. 사람의 눈을 의식하기에, 쉽게 자백하거나 버리지 못합니다. 하나님의 눈을 의식하는 신앙생활이 아니라 사람의 눈을 의식하는 종교 생활에 익숙해진 것입니다. 회개하지 못해서 심령이 회복되지 못하게 하려는 마귀의 미혹입니다.

죄를 자백하지 못한다는 데는 자기 스스로 죄를 처리하고자 하는 의도도 있습니다. 스스로 죄의 문제를 해결하고자 하는 모습입니다. 재활용 쓰레기처럼 분리배출한 죄는 반드시 재활용됩니다. 감추고 숨긴 죄에 다시 빠지게 된다는 말입니다. 온전한 회개가 아니기 때문입니다. 온전한 회개는 모든 죄를 자백하고 버리는 것입니다. 그래야 주님과 함께 사는 신앙생활이 됩니다.

1급수
교회

———— 1급수에 사는 고기가 있고 3급수에 사는 고기가 있습니다. 1급수는 사람이 마셔도 되는 깨끗한 물입니다. 3급수는 물이 탁해서 바닥이 잘 보이지 않고 공업용으로 사용되는 더러운 물입니다. 섬진강에는 1급수에서 서식한다는 물고기 은어가 삽니다. 이끼를 먹고 자라는 은어에게서는 비린내가 나지 않고 수박향이 납니다. 옛 임금님 진상품이었는데 하천에서 살다 부화하여 바다로 내려갔다가 산란기가 찾아오면 다시 강으로 올라옵니다.

은어와 마찬가지로 영적인 성도는 1급수 같은 교회 환경에서만 살 수 있습니다. 영적인 성도는 거짓 선지자, 율법주의, 세상 풍조, 돈 사랑으로 혼탁해진 교회에서는 살지 못합니다. 오염된 환경에서는 믿음이 죽고 영적 생활도 죽게 됩니다. 내 몸을 성전 삼아 함께하시는 성령을 따라 거룩하게 살지 못합니다. 교회의 영적 환경이 3급수라면, 영적인 믿음의 사람은 살지 못합니다.

교회의 영적 환경이 오염되는 것은 죄악 때문입니다. 성도들 영혼이 죄악으로 더러워졌기 때문입니다. 성도들이 죄로 말미암아 더러워진 영혼을 씻지 않았다는 말입니다. 주님과 멀어지면 죄를 씻지 않게 되고 영적으로 성장할 수 없습니다. 영이 깨끗해져야 믿음

부끄러움을 아는 교회

이 자랍니다. 씻지 않으면 믿음이 자랄 수 없습니다. 죄를 씻고 거룩함을 회복할 때 교회의 영적 환경은 1급수와 같아집니다. 바울은 "너희 중에 이와 같은 자들이 있더니 주 예수 그리스도의 이름과 우리 하나님의 성령 안에서 씻음과 거룩함과 의롭다 하심을 받았느니라"(고전 6:11)라고 했습니다. 교회는 1급수와 같은 영적 환경을 유지해야 합니다.

하나님을
사랑한다는 것은

───── 좋아하는 감정과 사랑하는 감정을 구분하기란 쉽지 않습니다. 좋아한다는 감정은 좋은 느낌이 들고 즐거워하는 것입니다. 장미꽃을 좋아하는 사람은 다른 어떤 꽃보다 장미꽃에 좋은 느낌을 받고 장미꽃을 즐거워합니다. 좋아하면 좋아하는 대상으로 나를 즐기게 됩니다. 반면, 사랑하는 감정은 사랑하는 대상을 위해 나를 희생하게 됩니다. 나를 희생한다는 것은 사랑하는 대상에 나를 굴복시킨다는 말입니다. 그 대상을 따른다는 말입니다.

배우자를 사랑한다면, 배우자를 위해 나를 희생하게 됩니다. 사랑하기 때문에 배우자 뜻에 따라 순종하게 됩니다. 애완동물을 좋아하는 감정을 넘어 사랑하는 사람도 있습니다. 애완동물을 사랑하는 사람은 애완동물을 위해 자신을 희생합니다. 자기 자신을 희생하지 않는다면 단지 좋아하는 감정일 뿐입니다.

우리는 하나님을 사랑한다고 고백하곤 합니다. 그러면 실제로 사랑하는지, 아니면 좋아하는 감정에 불과한지 깊이 생각해봐야 합니다. 하나님을 사랑하는 사람은 하나님을 위해 자신을 희생합니다. 나를 희생한다는 것은 내 생각과 뜻과 감정과 욕심을 꺾는다는 말입니다. 하나님을 사랑하면, 하나님 뜻에 따라 살려고 말씀에 순종

부끄러움을 아는 교회

96

하게 됩니다. 하나님을 사랑한다고 하지만 순종하지 않는다면, 하나님을 사랑하는 자가 아닙니다. 하나님을 좋아하는 것에 불과합니다.

아브라함은 하나님 말씀을 듣는 데 그치지 않았습니다. 주신 말씀에 순종했습니다. 갈대아 우르를 떠나 하란에 갔고, 하란에서 다시 본토 친척 아비 집을 떠나 가나안 약속의 땅에 들어갔습니다. 약속의 땅에서 주신 말씀에 순종했습니다. 독자 이삭을 제물로 바치기까지 순종했습니다. 아브라함은 하나님을 믿고 순종하고 사랑하여 하나님의 복을 받아 누렸습니다. 하나님을 믿고 사랑한다는 것은 하나님의 거룩한 뜻에 나를 희생하고, 하나님 말씀에 순종한다는 말입니다.

사랑의
용량

────── 사람들은 가전제품을 고를 때 용량이 큰 물건을 선호합니다. 용량이 큰 세탁기를 원합니다. 이불 같은 큰 빨래도 해야 하고, 다른 빨랫감도 많기 때문입니다. 용량이 작으면 빨래할 때 번거롭고 힘이 듭니다. 냉장고를 살 때도 용량이 큰 제품을 선호합니다. 예전에는 김치나 반찬 몇 종류 넣어두는 것이 고작이었습니다. 이제는 각종 음료수, 과일, 채소 등 여러 가지를 보관할 수 있는 냉장고를 원하고 있습니다.

교회도 사랑의 용량이 커야 합니다. 온갖 죄인들이 모이는 곳이기 때문입니다. 구원받기 원하는 자들과 구원받은 성도들이 함께 모여 기쁨으로 하나님을 예배하고 신앙생활하는 곳이 교회입니다. 교회에는 믿음이 없는 사람도 있고, 믿음이 작은 사람도 있고, 믿음이 큰 사람도 있습니다. 성품이 악한 사람도 있고, 성품이 변화되지 못한 사람도 있는가 하면, 성품이 주님을 닮은 사람도 있습니다. 교회는 빈부귀천의 차이 없이 모든 사람이 주님의 사랑으로 교제를 나누는 곳입니다.

사랑의 용량이 작은 교회에는 많은 사람이 들어오지 못합니다. 밖에 있든지, 떠날 수밖에 없습니다. 1년 동안 많은 새 가족이 교회에 들어오더라도, 연말에 갔을 때 연초와 다를 바 없이 교인 수가 그대로라면 사랑의 용량이 그 정도밖에 안 되는 것입니다. 오히려 줄어들었다면 사랑의 용량이 작은 것입니다. 교회를 성장시키기 위해 더 많이 전도해서 교회로 들어오게 하더라도 결과는 똑같을 것입니다. 전도가 아니라 사랑이 문제입니다.

찬송가 436장 〈나 이제 주님의 새 생명 얻은 몸〉 3절에 "산천도 초목도 새 것이 되었고 죄인도 원수도 친구로 변한다. 새 생명 얻은 자 영생을 누리니 주님을 모신 맘 새 하늘이로다"라고 했습니다. 성도 하나하나가 사랑의 용량이 커야 합니다.

영의 돌쩌귀로
바꾸라

──── 돌쩌귀는 문짝을 문의 양 기둥에 달아 문을 여닫게 하는
데 쓰는 장치입니다. 모든 문은 돌쩌귀를 따라 열리고 닫힙니다. 사
람도 평생 돌쩌귀를 따라 움직입니다. 사람의 돌쩌귀는 생각과 습
관입니다. 사람은 자신을 움직이게 하는 고정된 생각, 가치관에 따
라 행동합니다. 그렇게 형성된 생활 습관이 고정되면 무의식적으로
굳어진 채 움직이게 됩니다. 문이 자리를 벗어날 수 없듯이, 인생도
자기 생각과 습관을 벗어날 수 없습니다. 그에 따라 평생 움직일 뿐
입니다.

　사람은 자신의 가치관과 습관에서 벗어나지 못합니다. "생겨 먹
은 대로 산다"라는 말처럼, 가치관과 습관을 따라 움직입니다. 그
가치관과 습관은 모두 육적인 것입니다. 문을 채색하고 아무리 아
름답게 꾸며도 여전히 육적인 가치관과 생활 습관을 따라 움직이고
맙니다. 사람은 자기 생각이나 습관을 하나도 고치지 못합니다. 고
치기 위해 결심해도 소용없습니다. 결단해도 소용없습니다. 아내는
남편을, 남편은 아내를 바꾸려고 싸우기도 하지만, 바뀌지 않습니
다. 내 품에 있는 자식이라고 해도, 부모가 자식을 바꾸지 못합니다.

　그러나 변화될 가능성이 전혀 없는 것은 아닙니다. 바뀔 수 있습

니다. 대문 자체는 그대로라도 돌쩌귀가 바뀌면 모든 것이 바뀝니다. 육적 가치관의 돌쩌귀가 영의 돌쩌귀로 바뀌면 됩니다. 그러면 진리로 생각하고 움직이는 자가 될 수 있습니다. 사도 바울은 "그런 즉 누구든지 그리스도 안에 있으면 새로운 피조물이라. 이전 것은 지나갔으니 보라 새 것이 되었도다"(고후 5:17)라고 증거했습니다.

블랙박스의
위력

─────── 블랙박스는 비행기에 장착된 기계장치입니다. 주황색 혹은 빨간색으로 칠해져 있습니다. 일반적으로는 길이 50센티미터, 너비 20센티미터, 높이 15센티미터 크기로, 대략 11킬로그램이 나갑니다. 섭씨 1,300도의 고열과 자기 무게 3,400배의 충격까지 버티고, 수심 7,000미터에서도 버팁니다. 발신기도 달려서 어디에 있더라도 찾을 수 있습니다. 겉에는 "비행 기록기, 개봉하지 말 것"(FLIGHT RECORDER DO NOT OPEN)이라는 문구가 붙어있습니다. 블랙박스는 수시로 여닫는 재생용 장치가 아닙니다. 비행기 사고가 났을 때 열어서 사고를 규명하는 데 사용합니다. 뚜껑이 열려서 속에 있는 것을 보여주고 나면 블랙박스의 역할은 끝납니다.

세상 모든 사람의 마음에는 블랙박스가 하나씩 있습니다. 비행기 블랙박스에 지금까지 관제탑과 교신한 기록, 발생한 사건 등 비행에 관한 모든 것이 보관되어 있듯이, 마음의 블랙박스에도 인생의 모든 사건이 보관되어 있습니다. 모든 대화가 기록되어 있습니다. 열리지 않을 것처럼 근엄하게 자리를 지키고 있지만, 내 삶의 블랙박스를 열어야 할 때가 찾아옵니다.

요즘 내각에 들어가는 사람들에게 일어나는 일을 보면, 마치 블랙박스가 열리는 듯합니다. 신문에 대문짝만 한 얼굴 사진이 실리고, 기억에 가물가물한 의혹이 다 보도됩니다. 그동안 저질렀던 불법과 편법이 다 드러납니다. 만일 이들이 권력을 잡는다면 더 큰 불법을 저지를 것입니다.

청문회 자리에서 열리는 블랙박스의 위력도 무서운데, 하나님의 심판대 앞에서는 어떻겠습니까? 우리의 인생 블랙박스가 완전히 열릴 것입니다. 성경은 "또 내가 보니 죽은 자들이 큰 자나 작은 자나 그 보좌 앞에 서 있는데 책들이 펴 있고 또 다른 책이 펴졌으니 곧 생명책이라. 죽은 자들이 자기 행위를 따라 책들에 기록된 대로 심판을 받으니 바다가 그 가운데에서 죽은 자들을 내주고 또 사망과 음부도 그 가운데에서 죽은 자들을 내주매 각 사람이 자기의 행위대로 심판을 받고 사망과 음부도 불못에 던져지니 이것은 둘째 사망 곧 불못이라"(계 20:12-14)라고 했습니다.

3부

생활을 읽다

방죄
防罪

────── 평소 잘 알고 지내는 장로님에게 한국 방수 기술이 세계 최고 수준이라는 말을 들었습니다. 지난 날 한국은 부실 공사 공화국이라 불릴 정도로 공사 후 언제나 하자가 발생했는데, 문제를 해결하려다 보니 다른 선진국보다 방수 기술이 훨씬 발전하게 되었다고 했습니다. 지금은 미국 등지에서 한국 방수 기술자를 불러서 기술을 배운다고 했습니다. 방수가 안 되면 집이 상하고, 주거하는 사람들 건강도 해치게 됩니다.

신앙생활에서도 방죄(防罪) 능력이 있어야 합니다. 그래야 온전한 신앙생활을 할 수 있습니다. 물이 스며들듯 죄가 스며들면, 영혼이 더러워지고 하나님과 함께 사는 생활을 할 수 없습니다.

죄를 막는 힘은 믿음입니다. 성령의 능력입니다. 우리 능력과 결심으로 죄를 막을 수는 없습니다. 성령이 우리 안에 계시면 이길 수 있습니다. 요한은 "하나님께로부터 난 자는 다 범죄하지 아니하는 줄을 우리가 아노라. 하나님께로부터 나신 자가 그를 지키시매 악한 자가 그를 만지지도 못하느니라"(요일 5:18)라고 했습니다. 성령으로 살 때 죄를 범하지 않습니다. 마귀가 우리를 만지지도 못하게 됩니다.

부끄러움을 아는 교회

믿음의 사람도 성령으로 살지 않으면 즉시 넘어지고 죄 가운데 빠지게 됩니다. 죄에 빠졌을지라도 다시 이길 방법이 있습니다. 주님의 보혈로 죄 씻음을 받으면 됩니다. 주님의 보혈에는 모든 죄를 씻는 능력이 있기 때문입니다.

사도 요한은 "예수의 피가 우리를 모든 죄에서 깨끗하게 하실 것이요"(요일 1:7)라고 했고, "만일 우리가 우리 죄를 자백하면 그는 미쁘시고 의로우사 우리 죄를 사하시며 우리를 모든 불의에서 깨끗하게 하실 것이요"(요일 1:9)라고 했습니다. 성령으로 살지 못하고 죄 가운데 빠졌을지라도, 회개하여 주의 보혈로 씻기면 주의 거룩함으로 다시 세워집니다.

교만은
색깔이 없다

─────── 모친상을 당한 성도를 문상하기 위해 예산에 있는 장례식
장에 갔습니다. 같이 내려간 권사님이 대화 중에 "교만은 색깔도 없
어요!"라고 말했습니다. 저는 그 권사님에게 "정말 기막힌 깨달음
입니다"라고 했습니다.

수많은 사람이 자신의 교만을 보지 못합니다. 교만이 없기 때문
이 아니라, 교만에는 색깔이 없기 때문입니다. 모든 죄는 형태가
있고 색깔이 있어서 알 수 있는데, 교만은 그렇지 않습니다. 형태
도 없고 색깔도 없어서 아무도 보지 못합니다. 외식과 탐심도 색깔
이 없고 형태가 없어서 보이지 않습니다. 이 세 가지 죄가 무서운
것은, 모든 사람에게 있는데도 보이지 않아 잘 깨닫지 못하기 때문
입니다.

교만은 하나님을 거역하는 죄입니다. 교만은 하나님을 불신하고
하나님을 거역하는 마음입니다. 아담과 하와, 바로가 망한 것은 교
만의 죄 때문입니다. 야고보는 "하나님이 교만한 자를 물리치시고
겸손한 자에게 은혜를 주신다"(약 4:6)라고 했습니다. 외식은 하나님
을 무시하는 죄입니다. 하나님이 아닌 사람에게 잘 보이려 하기 때
문입니다. 은혜와 믿음이 없는데도, 있는 것처럼 보이려 합니다. 속

이 더럽고 악한데도, 깨끗한 것처럼 보이려 합니다. 주님은 제자들에게 "바리새인들의 누룩 곧 외식을 주의하라"(눅 12:1)라고 경고했습니다. 탐심은 하나님을 의지하지 않는 죄입니다. 하나님을 의지하지 않고 재물만 의지하고 사는 죄입니다. 주님은 "삼가 모든 탐심을 물리치라. 사람의 생명이 그 소유의 넉넉한 데 있지 아니하니라"(눅 12:15)라고 말씀하셨습니다.

　교만과 외식과 탐심의 죄는 오직 주님이 보여주셔야 볼 수 있고, 회개할 수 있습니다. 주님께서 날마다 만나주셔서 이런 죄가 나를 지배하지 못하게 해야 합니다. 온전히 주님과 함께 사는 믿음 생활을 해야 합니다.

개 팔자,
주인에게 달렸다?

────── 우연히 지나가는 승용차를 보았습니다. 뒷좌석에 큰 개 두 마리가 타고 있었습니다. 주인이 개를 끔찍이 사랑하는 것 같았습니다. 개가 멀미할까 봐 창문을 내려주었고, 두 마리는 모두 창밖으로 머리를 내밀고 있었습니다. 얼마 떨어지지 않은 곳에서 허름한 비닐하우스도 보았습니다. 그곳에는 식용으로 기르는 개가 있었습니다.

같은 개라도 주인에 따라 다른 운명에 처합니다. 어떤 개는 1년도 못 되어 잡아먹히고 맙니다. 어떤 개는 유기견이 됩니다. 어떤 개는 안내견, 경비견, 탐지견, 구조견 등으로 쓰입니다. 그러나 어떤 개는 잘하는 게 없어도 주인의 사랑을 받으며 삽니다. 먹을 걱정 없이 사는 개도 있습니다. 그 개는 주인을 좋아하기만 하면 됩니다. 그러면 주인이 알아서 다 챙겨줍니다. "개 팔자가 상팔자"라는 말보다 "개 팔자, 주인에게 달렸다"라는 말이 더 그럴듯해 보입니다.

우리 신앙생활도 마찬가지입니다. 신앙생활은 더럽고 쓸모없는 죄인을 택하여 구속해주시고 함께해주시는 하나님의 사랑을 받아 하나님과 함께 사는 것입니다. 개는 주인을 기뻐하고 사랑하기만 하면 주인에게 사랑을 받습니다. 주인이 챙겨줍니다. 우리도 우리를

부끄러움을 아는 교회

택하여 구원해주신 하나님만 기뻐하고 사랑하고 따라가면 필요를 채워주시는 복을 받아 누리게 됩니다.

주님은 "너희는 먼저 그의 나라와 그의 의를 구하라. 그리하면 이 모든 것을 너희에게 더하시리라"(마 6:33)라고 말씀하셨습니다. 개도 주인을 잘 만나기만 하면, 아무리 못나도 사랑받고 살 수 있습니다. 우리도 주님을 만나면 구속의 사랑을 받을 수 있습니다. 모든 것을 더해주시는 복을 누리고 살게 됩니다. 무엇을 먹을까, 마실까, 입을까 염려할 필요 없이 하나님 아버지께서 챙겨주시는 복을 누리게 됩니다.

심령의
밑바닥을 볼 때

──────── 정수기 서비스 일을 하는 집사님이 그동안 겪은 일을 얘기했습니다. 업무 방침상 서비스 지역이 계속 바뀌는데, 고객들은 코디가 바뀌면 불평한다는 것입니다. 고객을 찾아가면 "또 바뀌었네요"라고 하는데, 집집이 가는 곳마다 계속 같은 말을 들어 스트레스를 받는다고 했습니다. 그러던 중 한 고객이 계속 불평하기에 한마디했더니, 즉시 고객센터에 전화해서 아주 힘들었다고 말했습니다. 그리고 수많은 고객을 통해 사람의 밑바닥을 보게 되었다고 덧붙였습니다.

저는 그 말을 듣고 집사님에게 "집사님은 자신의 밑바닥을 보셨나요?"라고 물었습니다. 집사님은 민망해하셨습니다. 집사님과 저를 포함해서 우리는 모두 사람들과 만나고 함께 살면서 더럽고 악한 밑바닥을 보게 됩니다. 그럴 때가 가장 힘들고 괴롭습니다. 때로는 사람 사는 것이 힘든 일이 아닌가 생각합니다.

다른 사람의 밑바닥은 우리 눈에 쉽게 들어옵니다. 내 심령의 밑바닥은 잘 보이지 않습니다. 우리는 다른 사람의 밑바닥이 보이면 즉시 정죄하고 판단하고 분노를 터뜨립니다. 다른 사람의 밑바닥을 보는 것을 통해서는 내 믿음 생활이 증진되지 않습니다. 주님은 "너는 네 눈 속에 있는 들보를 보지 못하면서 어찌하여 형제에게 말하기를 형제여 나로 네 눈 속에 있는 티를 빼게 하라 할 수 있느냐. 외식하는 자여 먼저 네 눈 속에서 들보를 빼라. 그 후에야 네가 밝히 보고 형제의 눈 속에 있는 티를 빼리라"(눅 6:42)라고 말씀하셨습니다.

죄인은 모두 자신의 밑바닥을 보지 못합니다. 오직 주님의 은혜가 임할 때 눈에서 어둠이 떠나 자기 심령의 밑바닥을 보게 됩니다. 그럴 때 회개하고 씻김을 받을 수 있습니다. 은혜를 받지 못하면 다른 사람의 밑바닥만 보이고, 자신의 밑바닥은 보이지 않게 됩니다. 은혜를 받으면 내 심령의 밑바닥만 보이게 됩니다. 자기 밑바닥을 청소하는 일에도 시간이 부족해서 다른 형제의 밑바닥은 신경 쓰지 않게 됩니다. 이 은혜가 날마다 임해야 합니다.

검증받은
죄인

——— 성지순례를 마치고 차를 타고 가던 중 지금까지 받은 은혜와 깨달은 바를 나누는 시간을 보냈습니다. 모든 분이 처음부터 많은 은혜를 받았다고 간증했습니다. 보고회를 하던 중 어느 분이 저에 대해 "복음으로 사는 검증받은 목사"라고 말했습니다. 그분은 좋은 뜻에서 한 말이었지만, 저를 내세우는 말이기도 하고 하나님께서 기뻐하시지 않는다는 생각이 들었습니다. 제 차례가 아니었으나 보고가 끝나자마자 앞에 나가서 말했습니다. "제가 '복음으로 사는 검증받은 종'이라는 말을 듣는 것은 옳지 않습니다. 저는 검증받은 죄인일 뿐입니다." 그렇게 강조했더니 동행했던 원로목사님 사모님이 앞에 앉아있다가 고개를 끄덕이셨습니다.

신앙생활은 과정일 뿐입니다. 매일매일이 믿음으로 사는 과정입니다. 어제 은혜를 받았다고 오늘 은혜로 사는 것은 아닙니다. 어제 믿음으로 살았다고 오늘 믿음으로 사는 것은 아닙니다. 어제 거룩하게 살았다고 오늘 거룩하게 사는 것은 아닙니다. 어제 복음으로 살았다고 오늘 복음으로 사는 것은 아닙니다. 주님이 은혜를 주시면 하루를 믿음으로, 복음으로, 거룩하게 살 수 있습니다. 은혜를 주시지 않으면 단 하루도 복음으로 살지 못합니다. 복음을 떠나 살 수

부끄러움을 아는 교회

밖에 없습니다.

　사울은 주님의 부르심을 받아 왕이 되었습니다. 당시에는 겸손하게 믿음으로 살았지만, 나중에는 교만해졌고 믿음을 떠났습니다. 가룟 유다는 주님의 부르심을 받아 제자가 되었습니다. 그가 심령의 변화는 고사하고 구원받지도 못한 것은 믿음으로 살지 않았기 때문입니다. 우리도 마찬가지입니다. 구원받았다고 해서 영원히 믿음으로, 영원히 복음으로 사는 것은 아닙니다. 우리는 과정에 있을 뿐입니다. 매일 구원받은 대로 살게 하시는 은혜를 받아야 합니다.

주님이 기뻐하는
믿음의 농도

───── 언젠가 중국 여행을 했을 때 일어난 일입니다. 아침에 우유를 한잔 마셨는데 우유가 싱거웠습니다. 우유에 물을 탄 것이 분명했습니다. 우유를 처음 먹었다면, 맛을 모르니 우유 맛이라고 생각했을 것입니다. 우리나라에서 좋은 우유를 먹어봤기에 물을 섞은 우유라는 사실을 금방 알 수 있었습니다. 우유 맛을 알고도 물 섞은 우유를 좋아할 사람은 아무도 없습니다. 순도 100% 깨끗한 우유를 좋아할 것입니다.

우리 믿음에도 다른 것이 섞였다면, 주님이 기뻐하시지 않을 것입니다. 세상과 재물과 육신을 의지하는 마음이 많이 섞여서 믿음의 농도가 10%에 불과하다면, 주님께서 받지 않으실 것입니다. 세상의 불순물이 조금 섞여서 믿음의 농도가 90%라고 해도, 주님께서 기뻐하시지 않으실 것입니다. 주님이 기뻐하시고 열납하시는 믿음은 농도가 100%인 순전한 믿음입니다. 웨슬리의 표현을 빌리면, "온전한 믿음(altogether faith)"입니다. 불순물 섞인 믿음은 "비슷한 믿음(almost faith)"입니다. 세상을 의지하는 불순물 섞인 비슷한 믿음은 모양만 있을 뿐 내용은 없습니다.

아브라함 조카 롯은 믿음의 모양은 있었으나 주님의 말씀을 따라 사는 믿음의 내용은 없었습니다. 아브라함에게는 믿음의 내용이 있었습니다. 아브라함은 주님의 부르심을 받았을 때 말씀을 좇았습니다(창 12). 그 후 말씀을 좇아가는 믿음에서 의롭게 되는 믿음이 되었습니다(창 15). 의롭게 되는 믿음에서 주님과 함께 사는 믿음이 되었습니다(창 17).

아브라함은 주님과 함께 사는 믿음에 이르렀을 때 아들 이삭을 제물로 바치라는 주님의 명령을 받아 100% 따랐습니다. 마침내 순종하고 헌신하는 믿음에 이르렀습니다. 주님께서는 아브라함의 온전한 믿음을 받으시고 복을 주셨습니다. 우리는 주님의 복을 받기 위해 온전한 믿음을 가져야 합니다.

방전된 믿음을
재충전하려면

───── 오래전, 메가폰으로 노방전도를 한 적이 있습니다. 메가폰에는 건전지 여덟 개가 들어갔는데, 한 번 교체하면 두세 번밖에 사용하지 못했습니다. 건전지 비용이 많이 들어 충전해서 사용하는 건전지와 충전기를 샀습니다. 좀 번거롭기는 해도 충전하면 한 번은 거뜬히 사용할 수 있었습니다.

우리 몸도 마찬가지입니다. 하루 종일 일하면 건전지처럼 방전됩니다. 몸의 힘이 방전되면 몸을 더 이상 사용할 수 없습니다. 매일 힘을 재충전해야 합니다. 재충전하려면 좋은 음식을 먹고 휴식을 취하고 잠을 자야 합니다. 그러면 몸의 힘이 재충전되어 다시 하루를 힘 있게 보낼 수 있습니다.

믿음도 마찬가지입니다. 하루 동안 믿음으로 죄와 싸우고, 마귀의 유혹과 싸우고, 세상과 싸우고, 고난과 싸우고 나면 방전됩니다. 방전되면 그다음부터는 믿음으로 아무것도 할 수 없습니다. 찬송과 감사는 사라지고 기도와 전도도 못 합니다. 마음은 불평과 원망과 짜증으로 가득 찹니다. 방전된 믿음의 모습은 중환자실에 입원한 환자와 같습니다. 의식은 있으나 병을 이길 힘도 없고, 일어날 힘도 없고, 일상생활을 유지할 힘도 없습니다. 의식이 있을지라도 아무것도 못 합니다.

　방전된 믿음이 이와 같습니다. 어려움을 당한 성도에게 말씀을 보고 기도해야 한다고 말하면, 의식은 살아있어서 "알아요"라고 답해도 아는 대로 하지 못합니다. 날마다 방전된 믿음이 재충전되지 않으면 마귀의 시험과 공격을 이기지 못합니다. 마음을 다스리지 못하고, 죄를 이기지 못하며, 말씀에 순종하지 못합니다. 의식만 살아있을 뿐 심령도 죽고 생활도 죽습니다. 믿음을 재충전하려면 은혜받을 수 있는 골방에 날마다 들어가 주님이 주시는 은혜로 재충전되어야 합니다.

2시간짜리
은혜

——— 어느 권사님 댁에 심방을 갔습니다. 벽에 걸린 시계를 보니 시간이 맞지 않았습니다. 권사님께 말했습니다. "저 시계는 시간이 맞지 않네요." 권사님은 "이 시계는 약을 갈아도 2시간밖에 안 갑니다. 그 후로는 시간이 맞지 않습니다"라고 답했습니다. 이 말을 듣던 장로님은 "우리 집 시계를 약을 갈면 2년은 갑니다. 시간도 잘 맞습니다"라고 말했습니다.

이 얘기를 듣고 신앙생활이 어떠해야 하는지 생각해 보았습니다. 어떤 성도는 은혜를 받으면 2시간 정도 은혜로 삽니다. 그 후로는 은혜를 잊어버리고 주님과 맞지 않는 생활을 합니다. 어떤 성도는 은혜를 받으면 2년뿐 아니라 계속해서 그 은혜에 머물러 삽니다. 은혜가 떨어지는 성도가 있는가 하면, 은혜를 계속 공급받는 성도가 있습니다. 차이는 무엇입니까? 차이는 큰 은혜를 받았느냐 받지 않았느냐에 있지 않습니다. 날마다 자기를 부인하느냐 부인하지 않느냐에 달렸습니다.

사도 바울은 주님께 큰 은혜를 받았습니다. 죄 사함을 받는 은혜뿐 아니라 성령으로 사는 은혜도 받았습니다. 그런 바울이 받은 은혜를 잊어버리지 않고 더 큰 은혜로 산 것은 날마다 자기를 부인했기 때문입니다. 바울은 "죄인 중에 내가 괴수니라"(딤전 1:15)라고 고백했습니다. "내가 나 된 것은 하나님의 은혜로 된 것이니"(고전 15:10)라고 고백했습니다. "모든 성도 중에 지극히 작은 자보다 더 작은 나"(엡 3:8)라고 고백했습니다. 바울은 늘 자신의 무가치함과 연약함을 고백했습니다. 주님 앞에서 자기는 아무것도 아니라고 고백한 것입니다.

만일 우리가 받은 은혜를 당연시하고 가볍게 여기면 2시간짜리 은혜로 살게 됩니다. 그러나 받을 수 없는 은혜를 받았다고 여기고, 은혜를 잊어버리지 않기 위해 자기를 부인하고 십자가를 붙든다면 어떻겠습니까? 은혜 위에 은혜를 더하시는데, 구속의 은혜 위에 주님과 함께 사는 은혜를 주시고 우리의 모든 것을 다스려주시는 은혜까지 더하십니다.

눈치 보는
사람의 최후

────── 차를 운전하다 보면, '우리나라 사람들 눈치 하나는 끝내준다'라는 생각이 들곤 합니다. 차선 바꿀 때 깜빡이등을 켜서 뒤에 오는 운전자에게 양해를 얻어서 가기보다 잠깐의 틈에 잽싸게 끼어들려고 합니다. 경찰이 없으면 아무 데서나 유턴하고 신호를 무시하고 다니다가 경찰이 있으면 잘 지킵니다.

대학에 입학할 때도 얼마나 눈치를 보는지 모릅니다. 자기가 원하는 공부를 하려고 대학을 선택하기보다, 더 좋은 대학에 들어가려고 눈치를 보고 원서를 제출합니다. 직장에서 일할 때도 마찬가지입니다. 자기 일을 성실하게 하기도 하지만, 상사의 눈치를 잘 살폈다가 상사가 원하는 대로 해야 승진이 쉽습니다. 눈치 볼 줄 모르고 묵묵히 일하는 사람은 승진하기 힘듭니다. 제대로 된 대접을 받지 못할 때도 있습니다.

정치가들은 눈치를 잘 봅니다. 정치가 여론을 따라 움직이기도 하지만, 사람들 눈치를 필요 이상 보면서 정치를 하기도 합니다. 그래서 우리나라는 법보다 눈치로 살아야 하는 곳이 아닌가 싶을 때가 있습니다. 눈치보다 법을 따르며 살아야 하는데 말입니다.

우리는 혹시 신앙생활도 눈치로 하지는 않는지 잘 살펴야 합니다. 하나님의 눈치보다는 사람의 눈치를 보며 살고 있지 않은지 살펴야 합니다. 교회에서 다른 사람 눈치를 보면서 신앙생활한다면, 그는 자기 육체의 유익을 위해 사는 사람입니다. 똑바로 신앙생활 하고자 하는 마음은 사라지고 맙니다. 주님의 뜻을 따라 살 수 없습니다.

지혜자는 "사람을 두려워하면 올무에 걸리게 되거니와 여호와를 의지하는 자는 안전하리라"(잠 29:25)라고 했습니다. 다른 사람 눈치를 보는 사람은 사람의 올무에 걸려 주님의 뜻을 따르지 못한다는 말입니다. 신앙생활은 철저히 말씀대로 사는 것입니다. 이것이 믿음입니다. 눈치로 하는 신앙생활은 아나니아와 삽비라처럼 성령을 속이는 일입니다.

뚫어야
산다

───── 오래전 광림교회에서 제천에 수양관을 지었습니다. 수양관에서 쓰는 모든 물은 산 위에서 내려오는 계곡물을 받아 썼습니다. 겨울이 되기 전, 교역자들이 기도하려고 수양관에 갔습니다. 수도를 틀었는데 물이 잘 나오지 않았습니다. 조금씩 졸졸 나왔습니다. 그래서 물을 저장해두고 공급하는 곳으로 갔습니다. 가을에 쌓인 낙엽으로 물길이 막혀 있었습니다. 낙엽을 제거하자 물이 다시 시원하게 흘러나왔습니다.

무엇이든지 막히면 고통을 당하게 됩니다. 하수구가 막히면 고통당합니다. 수도가 막혀도 고통당합니다. 혈관이 막히면 고통당합니다. 요도가 막히면 고통당합니다. 교통이 막히면 고통당합니다. 돈의 흐름이 막히면 고통당합니다. 고통당하지 않으려면 막힌 것을 뚫어야 합니다.

영적 생활도 마찬가지입니다. 영적 생활이 막히면 고통당합니다. 기도가 막혔습니다. 기도가 터져 나와야 하는데 터져 나오지 않습니다. 기도 소리가 나오지 않습니다. 기도하려고 해도 되지 않습니다. 주님의 이름을 힘없이 몇 번 부르다가 자리를 뜹니다. 기도가 막혔다는 것은 주님과 교제가 막혔다는 뜻입니다. 은혜의 통로가 막했다는 말입니다. 그런데 그 고통을 느끼면서도 뚫으려 하지 않습니다. 기도는 죄 때문에 막힙니다. 악한 생활 습관으로 막힙니다. 정욕적인 생각 때문에 막힙니다. 원망과 불평으로 막힙니다. 마음의 죄로 막힙니다. 마음과 생각이 정결하지 못해서 막힙니다.

주님만이 막힌 것을 뚫을 수 있습니다. 혈관이 막히면 전문가인 의사를 찾아가 뚫어냅니다. 주님과 나 사이가 막히면 주님만이 뚫을 수 있습니다. 주님께 찾아가 뚫어달라고 간구할 때 모든 막힌 것이 뚫립니다. 막힌 것을 뚫지 못하면 죽습니다. 경제도 죽습니다. 몸도 죽습니다. 영혼도 죽습니다.

힘들고
기쁜 일

────── 교회에서 안식년을 주셔서 제주도에서 한 달 정도 쉬었습니다. 평생 목회하면서 안식년을 보낸 것은 이번이 처음입니다. 목회를 비롯해 모든 일과 모든 일상을 떠나 쉼을 얻으면서 성경을 읽고 묵상하며 하루하루를 보냈습니다. 그러면서 금촌제일교회에 청빙을 받아 목회했던 일, 다른 교회로 옮겼다가 다시 부임하여 지금까지 지내온 것을 생각해 보았습니다.

이루 말할 수 없을 정도로 힘든 일이 적지 않았습니다. 그러나 주님께서 영혼의 안식과 마음의 안식을 누리며 모든 것을 이기게 하셨습니다. 주님께서는 그 가운데 금촌제일교회가 복음을 받고 복음으로 사는 교회가 되게 하셨습니다. 우리 교회가 복음을 기뻐하고 복음이 아닌 것을 듣기 힘들어하는 수준까지 이른 것은 전적으로 주님의 역사입니다. 우리는 우리 힘으로 단 한 사람도 믿음을 갖거나 기도하게 할 수 없기 때문입니다.

제가 한 일은 주님이 역사하실 때까지 기다리고 견디는 일밖에 없었습니다. 그런데도 무거운 짐을 지는 것처럼 힘들었습니다. 물론 주님께서 새 힘을 주셨지만, 나중에는 지쳐 일어나기도 힘들었습니다. 쉼을 얻으며 말씀을 보고 기도하며 지내는 동안 주님께서 다시 깨우쳐주신 것이 있습니다. 바로 목회라는 무거운 짐이, 힘든 일이 아닌 기쁜 일이었다는 점입니다. 기도실에서 엎드려 씨름하며 드렸던 기도는 힘든 일이 아닌 기쁜 일이었습니다.

제가 주님 뜻을 이루기 위해 무거운 짐을 지는 일을 기뻐하지 못하고 힘들어한 것은 제 안에 아직도 육신의 편안함을 더 구하는 육신적인 마음이 남아있기 때문이었습니다. 주님께서 이런 제 모습을 알게 하셨습니다. 우리를 구원해주신 주님을 위해 사는 것은 때로 무겁고 힘들지만, 기쁜 일이기도 합니다. 나 같은 죄인이 주님을 위해 살 수 있게 하시고 십자가를 지게 하신 것은 기쁜 일입니다. 내 안에 사는 것은 그리스도이기 때문입니다(갈 2:20).

딱지 같은 심령,
돌 같은 심령

───── 저는 어렸을 때 딱지치기를 하며 놀았습니다. 처음에는 그림 있는 딱지로 놀았으나 나중에는 종이로 직접 접어서 만든 딱지로 놀았습니다. 신문지나 다 쓴 공책이 있으면 딱지를 접었습니다. 공책 표지처럼 빳빳한 종이를 쓰면 최고로 좋은 딱지를 만들 수 있었습니다. 빳빳한 종이로 딱지를 접으면 어지간히 쳐서는 뒤집어지지 않았습니다. 힘껏 내리쳐도 들썩할 뿐이었습니다.

신앙생활하는 사람 중에서도 무거운 딱지 같은 심령을 가진 이가 있습니다. 힘껏 쳐도 들썩이고 마는 무거운 딱지처럼, 주님의 말씀을 들어도 심령이 조금 들썩할 뿐입니다. 말씀으로 심령이 넘어지지 않고, 뒤집어지지 않습니다. 말씀이 심령에 아무 영향도 끼치지 못합니다.

무거운 딱지 같은 심령보다 더 못된 마음이 있습니다. 돌 같은 심령입니다. 들썩인다는 것은 그래도 말씀의 영향을 조금이라도 받는다는 뜻이 아니겠습니까? 마음이 돌과 같으면, 말씀을 들어도 꿈쩍도 하지 않습니다. 평생 말씀을 들었는데도 먹혀들지 않습니다. 그래서 찬송가 263장 〈이 세상 험하고〉의 작사자는 "주님의 권능은 한없이 크오니 돌 같은 내 마음 곧 녹여주소서"라고 했습니다.

히브리서 기자는 하나님의 말씀을 이렇게 표현했습니다. "하나님의 말씀은 살아 있고 활력이 있어 좌우에 날선 어떤 검보다도 예리하여 혼과 영과 및 관절과 골수를 찔러 쪼개기까지 하며 또 마음의 생각과 뜻을 판단하나니 지으신 것이 하나도 그 앞에 나타나지 않음이 없고 우리의 결산을 받으실 이의 눈 앞에 만물이 벌거벗은 것 같이 드러나느니라."(히 4:12-13) 말씀은 심령을 찔러 쪼개어 뒤집습니다.

사마리아 수가성 여인은 주님의 말씀이 자신의 심령을 찔렀을 때 자신의 죄를 봤습니다. 말씀으로 심령이 뒤집어졌습니다. 변화되었습니다. 심령의 변화는 곧바로 생활의 변화로 나타났습니다. 동네로 뛰어 들어가 예수님을 전했습니다. 딱지 같은 심령, 돌 같은 심령은 말씀의 영향에 예민하게 반응하는 심령으로 변화되어야 합니다.

신앙생활의
스타일

———— 친구 목사에게 들은 이야기입니다. 교회를 처음 방문한
분이 계셨는데 몇 주 나오더니 더 이상 예배에 참석하지 않았답니
다. 교회학교에 나오는 초등학생 자녀에게 물어봤다고 합니다. "어
머니는 왜 교회에 안 나오시니?" 초등학생 어린이가 주저하지 않고
대답했다고 합니다. "목사님이 자기 스타일이 아니래요."

친구 목사는 그 말을 듣고 당황해서 아무 말도 하지 못했다고 합
니다. 그 후 '내 모습이 그 성도의 스타일이 아니라는 말인지, 우리
교회가 그 성도의 스타일이 아니라는 말인지, 내 설교가 그 성도의
스타일이 아니라는 말인지' 생각하게 되었다고 합니다. 저는 그 말
을 듣고 물었습니다. "남편은 자기 스타일이래?"

오늘날 적지 않은 성도가 자기 스타일대로 신앙생활을 합니다.
자기 스타일에 맞는 교회를 찾아다니고, 자기 스타일에 맞는 설교
를 들으려 하고, 자기 스타일에 맞는 목사와 신앙생활하려 합니다.
평생 교회를 쇼핑하고 목사를 찾아다녀도 자기 스타일에 맞는 교회
와 목사를 찾지 못할 것입니다. 신앙생활은 자기 스타일에 맞는 사
람끼리 모여서 예배하고 어울리는 일이 아닙니다.

신앙생활은 주님 스타일이 되는 것입니다. 신앙생활은 자기 스타

일로 사는 게 아니라 주님 스타일로 변화되는 일입니다. 마음이 주님 스타일로 변화되어야 합니다. 생각이 주님 스타일로 변화되어야 합니다. 말이 주님 스타일로 변화되어야 합니다. 인격과 생활이 주님 스타일로 변화되어야 합니다. 주님 스타일로 변화되어 주님과 함께 살아야 합니다. 바울은 "내가 그리스도를 본받는 자가 된 것 같이 너희는 나를 본받는 자가 되라"(고전 11:1)라고 했습니다.

붙어야
산다

───── 감나무 묘목을 사다 심었는데, 그중 한 그루가 자라다가 죽었습니다. 이상하다는 생각이 들어 파보았더니 접붙인 곳이 단단히 동여매어 있지 않았습니다. 헐렁해서 접붙인 곳이 떨어져 죽은 것입니다. 접붙인 것이 떨어지면 뿌리의 진액을 받을 수 없습니다. 열매는 고사하고, 잎은 피지도 못하고 죽습니다.

성도는 주님께 접붙임을 받은 자입니다. 바울은 "돌감람나무인 네가 그들 중에 접붙임이 되어 참감람나무 뿌리의 진액을 함께 받는 자가 되었은즉"(롬 11:17)이라고 했습니다. 돌감람나무였던 자들은 구원을 통해 참감람나무인 주님께 접붙임을 받아 주님의 생명 능력을 공급받았습니다. 심령이 거룩하게 변화되었고, 영생으로 살게 되었습니다.

이런 일은 없겠지만, 만일 농부가 접붙인 가지를 계속 뗐다 붙였다 하면 접붙였을지라도 죽고 맙니다. 이런 일이 신앙생활에서는 발생합니다. 주님께서 우리를 주님께 접붙여 주셨는데, 우리가 붙었다 뗐다 합니다. 성령께서는 성도들이 주님께 붙어있도록 역사하십니다. 마귀가 붙어있는 성도들을 떨어뜨려 세상에 붙게 합니다.

교회에 오면 말씀의 영향을 받고 주님께 붙었다가도 세상으로 돌

아가면 떨어집니다. 마귀가 세상의 영향력을 강하게 받게 하여, 주
님에게서 떨어지고 세상에 붙어살도록 하는 일이 일어납니다. 교회
에 오면 주님께 붙었다가 세상에 나가면 세상에 붙는 이중적 생활
이 반복되면 심령이 곤고해집니다.

열매 맺는 신앙생활을 하고 날마다 신앙생활에 승리하려면 주님
께 붙어있어야 합니다. 주님께 붙어있으려면 주님과 떨어지게 하는
죄를 씻어야 합니다. 주님은 "너희는 내가 일러준 말로 이미 깨끗하
여졌으니 내 안에 거하라. 나도 너희 안에 거하리라"(요 15:3-4)라고
하셨습니다.

형통하는
길

───── 자동차를 운전하다 보면 길이 막히는 곳이 있고 막히지 않는 곳이 있습니다. 약속 장소로 가는데 길이 막혀서 늦을 것 같으면 초조해지고 짜증이 납니다. 교통 체증을 감안하고 출발해도, 평소에 막히지 않는 곳이 막혀서 불안해 견디기 힘들 때도 있습니다. 이처럼 교통이 원활한 곳이 막힐 때도 있고, 때로는 상습 정체 구간이 막히지 않을 때도 있습니다.

인생길도 마찬가지입니다. 어떤 사람은 처음에 잘나가서 좋아하다가 나중에 막혀 괴로움을 당합니다. 어떤 사람은 처음에 잘나가지 않았지만 나중에 풀립니다. 그러니 처음부터 잘나간다고 좋아하거나 교만하지 말아야 합니다. 나중에 막힐 수 있습니다. 처음에 막히고 힘들다고 낙심하지 말아야 합니다. 나중에 뚫릴 수 있습니다.

인생의 뚫림과 막힘이 내게 달려있지 않다는 사실을 알아야 합니다. 차도가 막히는 일이 내 의지와 상관없듯이, 인생길이 막히는 일도 내 의지와 상관없습니다.

인생길이 막히는 것은 죄 때문입니다. 지혜자는 "악인은 자기의 악에 걸리며 그 죄의 줄에 매이나니"(잠 5:22)라고 했습니다. 인생이 죄의 줄에 매여 꼼짝없이 막히는 것입니다. 하나님은 인생길을 평탄하게 하십니다. 지혜자는 "대저 사람의 길은 여호와의 눈 앞에 있나니 그가 그 사람의 모든 길을 평탄하게 하시느니라"(잠 5:21)라고 했습니다.

하나님만이 모든 사람의 인생길을 평탄하게 하실 수 있습니다. 우리는 하나님께서 인생길을 열어주시고 형통하게 해주시는 복을 받아야 합니다. 하나님은 여호수아에게 말씀하셨습니다. "이 율법 책을 네 입에서 떠나지 말게 하며 주야로 그것을 묵상하여 그 안에 기록된 대로 다 지켜 행하라. 그리하면 네 길이 평탄하게 될 것이며 네가 형통하리라."(수 1:8)

누구에게
잘 보이려 하는가

———— 어떤 사람이 "경차 티코가 빨리 달리는 이유는 창피해서이고, 스포츠카가 빨리 달리는 이유는 멋있게 보이기 위해서다"라고 말하는 소리를 들었습니다. 예전 우스갯소리입니다만, 우리 모습을 보게 됩니다. 우리는 허세를 부리기 좋아합니다. 가진 것을 드러내기 위해 힘씁니다. 다른 사람이 알아주면 으스대고, 알아주지 않으면 화를 냅니다. 그래서 학생들도 명품으로 자신을 치장하려고 애씁니다. 명품으로 자신을 치장하지 못하면 열등감과 비애감을 느낄 정도입니다. 자존감이 부족하기 때문입니다.

언젠가 이스라엘을 여행했을 때 가이드에게 들었던 이야기입니다. 유대인들을 보면, 가진 자와 가지지 못한 자, 부자와 빈자를 구분하기 힘들다고 했습니다. 가진 것을 내색하지 않기 때문이랍니다. 부자라고 해도 더 좋은 옷이나 더 좋은 자동차를 사지 않고, 명품으로 치장하거나 허세를 부리지 않는다는 말이었습니다.

예수님의 수제자 베드로도 사람들에게 잘 보이려는 유혹에서 자유롭지 못했습니다. 잘 보이기 위해서 나서길 좋아했습니다. 주님께서 제자들에게 칼을 준비하라고 하셨을 때, 그 말은 악한 마귀와 싸울 준비를 하라는 뜻이었는데, 베드로는 "여기 검 둘이 있나이다"(눅

부끄러움을 아는 교회

22:38)라고 말했습니다. 잘 보이려고, 나서기 좋아해서 한 행동이었습니다.

주님은 제자들을 향해 사람에게 보이려고 신앙생활하지 말라고 하셨습니다. 구제하거나 기도하거나 금식할 때 은밀히 해야 한다는 말입니다. 그러면 은밀하게 보시는 하나님께서 갚아주신다고 말씀하셨습니다(마 6:4). 사람들에게 보이기 위해 나서는 자는 사람에게 듣는 칭찬 한마디로 자기가 받을 상을 이미 다 받았다고 했습니다. 하나님께서 주시는 상을 받지 못한다고 말씀하셨습니다.

우리는 보이기 위해 행동하는 어린아이처럼 신앙생활해서는 안 됩니다. 하나님이 보시면 족하다는 마음으로 어른의 신앙생활을 해야 합니다.

부끄러움을
모르는 교회

───── 어릴 적에 부끄러움을 느낀 아이들 얼굴이 발개지는 모습을 보았습니다. 어른이 돼서도 부끄러움을 느껴 발갛게 되는 얼굴을 잊을 수가 없습니다. 그 모습이 나쁘게 보이지는 않았습니다 약하게 보이지도 않았습니다. 아름다웠습니다.

그런데 언제부터인가 부끄러움을 느껴 발개지는 얼굴을 보지 못했습니다. 사람들이 부끄러움이 없을 정도로 깨끗하게 살고 있기 때문은 아닐 것입니다. 옛날보다 부끄러운 짓을 더 많이 하지만 부끄러움을 모르는 사회가 되었기 때문이 아닌가 생각해봅니다.

사회는 그렇다 치고, 교회도 부끄러움을 모르는 곳이 되었습니다. 옛 성도들은 조금이라도 양심에 거리끼는 것이 있으면 부끄러움에 괴로워하다가 잠도 자지 못하고 눈물로 회개하여 형제를 찾아가 용서를 구하고 관계를 회복해 천국으로 살았습니다. 오늘날에는 그런 모습이 보이지 않습니다. 옛 성도보다 더 의롭고 부끄러움 없이 살기 때문이라고 말할 사람은 한 사람도 없을 것입니다. 얼굴이 뻔뻔해져서 부끄러움을 느끼지 못하는 것입니다.

죄를 짓고도 부끄러움을 느끼지 못하니 뻔뻔한 얼굴로 하나님 앞에 와서 예배드립니다. 예언자 이사야는 이렇게 교만하고 뻔뻔하기

짝이 없는 주님의 백성들을 향해 "너는 완고하며 네 목은 쇠의 힘줄이요 네 이마는 놋이라"(사 48:4)라고 했습니다.

　이런 뻔뻔함은 가인에게서부터 시작되었습니다. 가인은 하나님 앞에서 분한 마음으로 예배를 드렸습니다(창 4:5). 부끄러움을 느끼지 못했기에 자기 죄를 회개하고 속죄받는 제사를 드리지 못했습니다. 결국 가인은 저주받고 말았습니다. 영원히 구원받지 못했습니다. 노아의 때에 심판을 불러오는 자손들이 되고 말았습니다. 주님 앞에서 느끼는 부끄러움은 잘못이 아닙니다. 오히려 아름다운 것입니다.

말씀을 먹는
세 가지 방법

──────── 먹는 것을 싫어하는 사람은 없습니다. 어릴 적에는 먹을 거리가 있다고 하면 자다가도 일어나서 먹었습니다. 밤에 먹을거리가 생겨 식구들끼리 먹을 때 깨우지 않아 서운한 적도 있습니다. 사람은 먹는 것을 좋아합니다. 맛있게 먹은 음식은 우리 배에 들어가서 몸에 필요한 영양분을 공급해 생명과 건강을 유지하게 합니다.

하나님의 말씀도 음식처럼 먹을거리 중 하나입니다. 에스겔서를 보면, "내게 이르시되 인자야 내가 네게 주는 이 두루마리를 네 배에 넣으며 네 창자에 채우라 하시기에 내가 먹으니 그것이 내 입에서 달기가 꿀 같더라"(겔 3:3)라고 했습니다. 하나님 말씀을 먹는 일을 음식 먹는 것에 빗대어 설명했습니다.

우리가 음식을 먹는 방법은 세 가지입니다. 처음에는 눈으로 먹습니다. 다음에는 코로 먹습니다. 마지막에는 입으로 먹습니다. 말씀 먹는 방법도 세 가지입니다. 처음에는 눈으로 먹어야 합니다. 매일 말씀을 보고 묵상해야 합니다. 그다음에는 귀로 먹어야 합니다. 눈으로 먹는 데 그치지 말고, 가르치는 말씀을 귀를 통해 먹으라는 말입니다. 말씀을 귀로 먹지 않으면 말씀을 주관적으로 해석하는 위험에서 벗어날 수 없습니다. 마지막으로 입으로 먹어야 합니다.

입으로 먹는다는 말은 말씀을 들을 때 '아멘'으로 받아야 한다는 뜻입니다. 우리는 증거되는 하나님의 말씀이 내게 주시는 말씀이라고 깨달아질 때 '아멘'으로 받습니다. 우리가 아멘 하며 말씀을 먹을 때 하나님도 아멘으로 그 말씀이 우리에게 그대로 이루어지게 하십니다. 내가 아멘 하지 않으면, 하나님도 그 말씀을 내게 아멘 해주시지 않습니다.

이렇게 말씀을 먹으면 말씀이 마음에 들어와 영의 양식이 됩니다. 영혼이 강건해지고 영적 면역력이 강화되어 죄와 마귀의 유혹을 이길 수 있습니다. 주님께서 기뻐하시는 뜻을 따라 살게 됩니다. 매일 먹는 양식처럼 하나님 말씀을 규칙적으로 먹을 때 영으로 살게 됩니다.

깊은
회개

──────── 회개는 주님께서 보여주신 자신의 죄를 드러내는 일입니다. 깊은 회개는 마음 깊은 곳에 숨겨진 죄, 끄집어내기 부끄러운 죄, 드러낼 수 없는 은밀한 죄를 드러냅니다. 회개가 외적인 죄를 드러낸다면, 깊은 회개는 내적인 죄를 드러냅니다.

옛날에는 동네마다 우물이 있었습니다. 형편이 좀 넉넉한 가정에는 집 안에 우물이 있었습니다. 다른 사람들은 동네에 있는 공동 우물을 사용했습니다. 공동 우물은 뚜껑을 거의 덮어놓지 않고 사용하기 때문에 사시사철 아무거나 우물 안으로 들어갑니다. 먼지도 들어갑니다. 가을의 낙엽도 들어갑니다. 동네 아이들이 놀다가 신발을 빠뜨리기도 합니다. 온갖 것이 들어가 물맛이 변하게 됩니다. 그러면 동네 어른들이 1년에 한 번씩 날을 잡아 우물 청소를 했습니다. 청소하면 물맛을 변하게 한 온갖 오물이 다 나옵니다. 우물 바닥을 청소하면 썩은 흙도 나옵니다. 오물과 썩은 것을 다 청소하고 나면 물맛이 새로워집니다.

깊은 회개는 이와 같다고 볼 수 있습니다. 마음도 우물과 같아서 깊이가 끝이 없습니다. 우리는 마음 깊은 곳에 숨겨진 오물을 끄집어내 청소해야 합니다. 동네 우물은 사람들이 들어가서 청소할 수

부끄러움을 아는 교회

있습니다. 하지만 마음 깊은 곳에 있는 오물을 드러내는 회개는 사람이 할 수 없습니다. 오직 회개의 영이신 성령만이 할 수 있습니다. 성령께서 임재하셔서 마음 깊은 곳을 청소해주셔야 가능합니다.

깊은 회개를 할 때 성령께서 끄집어내시는 오물들을 입으로 토해내게 됩니다. 깊은 회개가 이루어질 때 심령이 새로워집니다. 그 배에서 생수의 강이 흘러넘치게 됩니다. 내 영혼을 시원하게 하고 다른 영혼도 시원하게 하는 일이 나타납니다. 내가 영으로 살고, 다른 사람도 영으로 살게 하는 역사가 나타납니다.

4부

언어를 읽다

복문만소래

──────── '소문만복래'(笑門萬福來)라는 말이 있습니다. 웃으면 만 가지 복이 온다는 뜻입니다. 억지로 웃기만 해도 뇌에서는 좋은 호르몬을 분비하여 건강이 좋아진다고 합니다. 웃음 전도사 황수관 박사도 웃음이 건강에 좋다며 웃음을 전하고 다녔는데, 갑자기 패혈증으로 세상을 떠났습니다. 웃음이 좋다는 사실은 다 아는데 왜 웃지 못하는 것일까요? 웃을 일이 거의 없기 때문입니다. 억지로 웃으려 해도 웃을 수 없습니다. 억지로 웃어도 마음에는 슬픔이 있습니다. 그래서 지혜자는 "웃을 때에도 마음에 슬픔이 있고 즐거움의 끝에도 근심이 있느니라"(잠 14:13)라고 했습니다.

우리는 웃어야 복을 받는 것이 아니라 복을 받아야 웃을 수 있습니다. 그러므로 소문만복래라는 말을 '복문만소래'(福門萬笑來)로 고쳐도 됩니다. 복이 들어와야 만 가지 웃음이 온다는 뜻입니다. 억지웃음이 아닌 기쁨의 웃음입니다. 슬픈 웃음이나 자조적인 웃음이 아닙니다. 우리는 희락의 웃음으로 웃을 수 있습니다.

주님께서 아브라함에게 말씀하시기를, 아내 사라가 아들을 낳을 것이라고 했습니다. 사라는 주님의 말을 장막 뒤에서 들었습니다. 사라는 이 말을 듣고 웃었는데, 크게 웃는 웃음이 아니라 입가에 걸리는 작은 웃음이었습니다. 이런 웃음은 기쁨의 웃음이라기보다는 비웃음에 가깝습니다. 사라에게 육적인 현실이 너무나 분명했기 때문입니다. 자신의 경수가 끊어졌고, 남편 아브라함도 나이가 많아 자식을 낳을 수 없다는 점은 분명한 사실처럼 보였습니다. 그러나 하나님의 은혜로 아들을 낳게 될 때 사라는 아들을 안고 기뻐서 웃었습니다. 희락의 웃음으로 웃었습니다. 주님과 함께하는 복을 받으면, 누구나 기쁨의 웃음으로 웃게 됩니다.

구관이
명관이다

──────── "구관이 명관이다"라는 말이 있습니다. 훌륭한 사람을 알아보지 못하고 보냈다가, 나중에 온 사람을 겪어본 후에야 그리워한다는 뜻입니다. 같이 있을 때는 그 사람의 귀중한 가치를 몰랐다가, 그가 떠난 후 가치를 깨달았다는 이야기는 인간의 악함과 어리석음을 보여줍니다. 귀중한 사람을 알아보지 못한 이의 후회도 엿보입니다. 조선 중기 유학자 남명 조식의 시에서도 비슷한 이야기를 읽을 수 있습니다.

"人之愛正士(바른 선비를 사랑하는 사람들 태도는)

愛虎皮相似(범 가죽을 좋아함과 정말 똑같다)

生前欲殺之(살아서는 죽이려고 대들다가도)

死後皆稱美(죽은 뒤에 아름답다 모두들 칭송하네)"

훌륭한 인물이라고 해서 모두가 좋아하지는 않습니다. 질투를 느낄 수도 있고, 생존에 방해된다고 판단할 수도 있기 때문입니다. 그가 죽기 전에는 어떻게든 헐뜯으려 하다가, 죽고 나면 훌륭한 인물이 죽었다고 애통해합니다. 이 시는 진정 훌륭한 인물은 살아생전

부끄러움을 아는 교회

받아들여지기 힘들다는 사실을 일깨워주고 있습니다.

이스라엘 백성들은 하나님이 보내신 선지자들을 회당에서 채찍질하고 구박하고 죽였습니다(마 23:34). 선지자들이 하나님의 말씀을 선포했기 때문입니다. 하나님의 말씀은 육신으로 살던 백성들에게 걸림돌이었습니다. 그런데 이들의 후손은 조상들이 죽인 선지자들을 기념하며 다르게 말했습니다. "우리가 조상 때에 있었더라면 우리는 그들이 선지자의 피를 흘리는 데 참여하지 아니하였으리라."(마 23:30) 그랬더니 주님은 그들의 외식을 책망하셨습니다. 지금 보냄을 받은 하나님의 사람을 여전히 구박하고 죽이는 일에 동참하고 있었기 때문입니다.

낫 놓고 기역자도
모른다

───── 우리 속담에 "낫 놓고 기역자도 모른다"라는 말이 있습니다. 기역자와 똑같은 낫을 놓고도 기역자를 못 알아본다는 말입니다. 비슷한 말로, '일자무식'(一字無識)이라는 한자어도 있습니다. 글자를 한 자도 모를 정도로 무식한 사람이라는 뜻입니다.

영적 신앙생활에도 이 같은 사람이 있습니다. "십자가 놓고도 십자가 사랑을 모른다"라고 표현할 수 있습니다. 예수님이 나를 위해 죽으셨다는 사실을 모릅니다. 하나님께서는 독생자 예수 그리스도를 이 땅에 보내셔서 내 죄를 짊어지시고 내 사망의 값을 대신 치르셨습니다. 예수 그리스도께서 십자가에 달리어 내가 받을 형벌과 심판을 대신 받으셨습니다. 하나님께서는 십자가에 달린 독생자를 통해 세상 모든 죄를 청산하셨습니다.

주님께서 십자가에서 우리 죄를 모두 청산하셨습니다. 우리가 죄를 씻기 위해 더할 것은 하나도 없습니다. 이미 주님이 다 이루셨습니다. 주님은 "모세가 광야에서 뱀을 든 것 같이 인자도 들려야 하리니 이는 그를 믿는 자마다 영생을 얻게 하려 하심이니라. 하나님이 세상을 이처럼 사랑하사 독생자를 주셨으니 이는 그를 믿는 자마다 멸망하지 않고 영생을 얻게 하려 하심이라"(요 3:14-16)라고 말쓺하셨습니다. 예수님은 우리 대신 십자가에 달리셨습니다.

　이것이 하나님의 사랑입니다. 그런데 우리는 주님의 사랑을 알지 못합니다. 머리로는 아는데 심령으로는 모릅니다. 우리가 십자가 사랑으로 살지 못하는 이유입니다. 주님의 사랑으로 사는 신앙생활이 나오지 않는 것입니다. 아는 것과 사는 것이 같아야 하는데 다릅니다. 십자가를 놓고 주님의 사랑을 모르는 것은 영적 무식입니다.

모태죄인

'모태신앙'이라는 말이 있습니다. 태어날 때부터 신앙생활했다는 의미로 사용되는 말입니다. 어머니 태중에 있을 때부터 신앙생활하는 어머니를 따라 교회를 다녔기 때문에 모태신앙인이라고 말합니다. 그러나 이 말은 맞지 않습니다. 신앙은 주님을 만났을 때부터 주님을 알고, 믿고, 주님으로 사는 생활을 하는 데 있기 때문입니다. 모태신앙이라는 말보다 '모태죄인'이라는 말이 더 성경적입니다. 모태죄인이라는 말은 태중에 있을 때부터 죄인이라는 뜻입니다.

다윗은 밧세바와 간음하고 그녀의 남편을 적의 손에 죽게 했습니다. 밧세바를 자기 아내로 맞이했는데, 하나님은 나단 선지자를 보내 다윗의 감춘 죄를 끄집어내셨습니다. 나단 선지자의 말을 들은 다윗은 자기 죄를 자복했습니다. "내가 죄악 중에서 출생하였음이여 어머니가 죄 중에서 나를 잉태하였나이다"(시 51:5)라고 회개했습니다. 어머니가 죄 중에 자신을 잉태했다는 말은, 어머니의 불륜으로 태어났다는 뜻이 아닙니다. 모태에서부터 자신이 죄인이었다는 사실을 깨달았다는 고백입니다. 모태죄인이라서 세상을 주님 뜻에 따라 살 수 없었다고 고백한 것입니다. 다윗은 하나님의 말씀 앞에서 자기 죄성을 철저하게 깨달았습니다.

바울도 "죄인 중에 내가 괴수니라"(딤전 1:15)라고 고백했습니다. 이 말은 그의 사역 마지막에 주님과 온전히 동행할 때 고백한 내용입니다. 주님께 가까이 갈수록 주님께 범접할 수 없게 하는 자기 내면의 죄성과 더러움을 더 깊이 깨닫고 고백하게 됩니다. 이렇게 자기 죄성을 철저히 깨닫고 죄를 철저히 회개했을 때 다윗은 하나님이 다시 함께해주시는 복을 누렸습니다. 바울은 온전히 주님과 연합된 심령으로 주님께 쓰임을 받는 영광을 누렸습니다.

깨달음이
없으면

———— '깨달음'이라는 단어는 '깨다'와 '닫다'(달리다)를 합친 말입니다. 이 단어로 신앙에 대해 생각해봅시다. '깨다'는 깨지는 것입니다. 생각과 신념과 가치관이 깨지는 것을 말합니다. 깨진다는 것은 회개한다는 말입니다. 회개할 때 깨지게 됩니다. 교만하고 완악한 자아가 깨집니다. 악한 생각과 잘못된 가치관이 깨집니다. 깨질 때 진리를 깨닫게 됩니다. 깨지기 전에는 진리가 있어도 알지 못합니다. 진리를 모르니 자기 마음과 뜻대로 살 수밖에 없습니다.

'달리다'는 깨지는 순간부터 알게 된 진리를 향해 달린다는 것입니다. 깨지면 진리이신 주님을 향해 달리는 자가 됩니다. 진리를 향해 달린다는 말은 주님의 뜻을 준행한다는 의미입니다. 깨진 자는 내 뜻을 버리고 주의 뜻을 준행하기에 힘을 다합니다. 바울은 깨진 순간부터 주님이 보여주신 길을 죽을 때까지 달려갔습니다. 바울은 "나는 선한 싸움을 싸우고 나의 달려갈 길을 마치고 믿음을 지켰으니 이제 후로는 나를 위하여 의의 면류관이 예비되었으므로 주 곧 의로우신 재판장이 그 날에 내게 주실 것이며 내게만 아니라 주의 나타나심을 사모하는 모든 자에게도니라"(딤후 4:7-8)라고 말했습니다.

깨달음은 회개하고 주님의 뜻으로 달리는 것입니다. 깨달음이 없으면 죄인의 삶을 벗어나지 못하여 의인의 삶을 살 수 없습니다. 깨달음이 없으면 주님 뜻대로 살지 못하고 내 뜻대로 살게 됩니다. 깨달음이 없으면 영을 위해 살지 못하고 육체만을 위해 살게 됩니다. 깨달음이 없으면 성령으로 살지 못하고 육신의 정욕을 따라 살게 됩니다. 깨달음이 없으면 부귀영화만 구할 뿐입니다. 그 마지막은 멸망입니다. 그래서 성경은 "존귀하나 깨닫지 못하는 사람은 멸망하는 짐승 같도다"(시 49:20)라고 했습니다.

그리스도인의
현주소

———— '현주소'라는 말은 지금 살고 있는 곳의 주소를 뜻합니다. 모든 사람에게는 현주소가 있습니다. 만일 현주소가 없다면, 그는 집 없이 방황하는 사람입니다. 그리스도인에게도 현주소가 있습니다. 그리스도인의 현주소는 십자가 밑입니다. 십자가 밑에서 주님의 보혈로 죄 사함을 받고 거듭났기 때문입니다. 십자가 밑에서 살기 때문입니다.

사람은 자기가 태어난 곳을 떠나지 않습니다. 태어난 곳에서 삽니다. 먹고살기 위해 떠돌이 생활을 하는 것이 아니라면 말입니다. 우리가 사는 현대사회는 풍요롭지만, 먹고살기 위해 직장이나 생계를 따라 떠돌이 생활을 합니다. 새로운 형태의 유목민 생활이라고 봅니다. '주말부부'라는 말도 그래서 생겼습니다. 옛날 사람들은 이 단어를 이해하지 못합니다. "그것도 사는 거냐? 그게 부부냐?" 되물을 것입니다. 그러나 현대사회는 그렇게 살지 않으면 살기가 어렵습니다. 사람이 나이가 들어 마지막에는 태어난 곳으로 돌아가 살고 싶어 하는 것은 이런 상황 때문이 아닌가 생각합니다.

그리스도인도 먹고살기 위해서 자신이 태어난 십자가를 떠나면 안 됩니다. 먹고살려면 십자가 밑을 떠나서는 안 됩니다. 항상 십자가 밑에 머물러 살아야 합니다. 하루를 살아도 씻을 것이 많은 삶이기 때문입니다. 거듭난 자라고 해도 짓는 죄와 묻는 죄로 심령이 더러워집니다. 심령이 더러워지면 영적 생활이 파괴됩니다. 주님과 함께 사는 복을 상실할 것입니다.

그러므로 그리스도인은 날마다 십자가 밑에서 주님의 보혈로 더러워진 영혼을 씻어야 합니다. 그렇게 거룩함을 회복해야 합니다. 십자가 밑에서 주님과 함께 살다가 주님이 부르실 때 천국에 올라가야 합니다. 그리스도인의 현주소는 십자가 밑입니다.

구원
불능

───── '구제 불능'이라는 말이 있습니다. 어려운 처지에 있지만 아무리 도와주려 해도 말을 듣지 않거나 노력하지 않아서 구해줄 수 없는 사람을 가리키는 말입니다. 도박이나 마약이나 알코올에 중독된 자들이 중독에서 벗어날 수 있도록 옆에서 도와주는 장면을 떠올려봅시다. 누가 도와주려 해도 말을 듣지 않고 스스로 애쓰지 않는다면 도와줄 수 없습니다. 구제 불능입니다.

그렇다면, '구원 불능'이라는 말도 할 수 있을 것입니다. 죄에 빠진 자를 건져주려 해도 도움을 받으려 하지 않는다면 구원할 수 없습니다. 하나님은 죄에 빠진 자들의 죄를 씻고 이들에게 영생을 주시기 위해 독생자를 세상에 보내 속죄 제물로 삼으셨습니다. 하나님께서 이렇게 구원의 길을 열어주셨어도 예수님을 구세주로 믿지 않는다면 구원받을 수 없습니다. 하나님께서 아무리 능력이 많고 사랑이 풍성하실지라도 구원하실 수 없습니다. 말 그대로 구원 불능입니다.

존 웨슬리는 구원받을 수 있는 하나님의 은혜가 모든 사람의 머리 위에 임했으나 여전히 믿지 않고 거역하기 때문에 구원받지 못한다고 했습니다.

성경에는 한 부자의 이야기가 나옵니다. 그는 날마다 사치하고 잔치하며 살았으나 믿음이 없었습니다. 반면, 거지 나사로는 부자의 상에서 떨어지는 부스러기를 먹고 지내면서도 믿음으로 살았습니다. 인생의 엄숙한 순간이 다가왔을 때 부자도 죽고 거지도 죽었습니다. 죽음 후에 거지는 아브라함 품에서 위로받았으나 부자는 음부에서 고통당했습니다. 부자는 그제야 심판의 현실이 있다는 사실을 알았습니다.

부자는 아브라함에게 "내 형제 다섯이 있으니 그들에게 증언하게 하여 그들로 이 고통 받는 곳에 오지 않게 하소서"(눅 16:28)라고 말했습니다. 그러자 아브라함은 "그들에게 모세와 선지자들이 있으니 그들에게 들을지니라"(눅 16:29)라고 말한 뒤에, "모세와 선지자들에게 듣지 아니하면 비록 죽은 자 가운데서 살아나는 자가 있을지라도 권함을 받지 아니하리라"(눅 16:31)라고 했습니다. 구원 불능은 하나님이 주시는 구원을 받으려 하지 않습니다.

길에게
길을 묻다

────── 방송에서 "길에게 길을 묻다"라는 멘트를 들었습니다. 처음에는 무슨 뜻인지 이해하지 못했습니다. 길에게 길을 물으면 대답을 들을 수 있다는 말일까요? 길에게 길을 묻는 사람이 있을까요? 좌우지간 인생은 길을 걷는 것과 같습니다. 어느 곳에 도착하려면 길을 가야 합니다. 길을 통하지 않고는 갈 수 없습니다. 길 아닌 곳을 가다가는 크게 낭패를 봅니다. 언젠가 승용차가 논에 빠진 모습을 보았습니다. 길이 아닌 곳을 가다가 빠진 것입니다. 좋은 길을 찾아야 합니다.

보이는 길도 있지만, 보이지 않는 길도 있습니다. 학생들은 공부하는 길을 찾아야 합니다. 성공하는 길도 찾아야 합니다. 사업을 하려면 사업의 길을 찾아야 합니다. 길을 모르면 사업도 성공도 쉽지 않습니다. 열심히 하면 언젠가 성공하고 출세하겠지만, 좋은 길이나 빠른 길을 알고 간다면 세월을 낭비하지 않을 수 있습니다. 길 찾기가 쉽지 않으니 성공하는 사람도, 출세하는 사람도 많지 않습니다.

구원에도 길이 있고 천국에도 길이 있습니다. 많은 사람이 성공이나 출세로 가는 길을 찾으면서도 구원의 길과 천국의 길은 찾지 않습니다. 지금 성공할 수 있는 길을 찾기 위해 온 마음과 힘을 쏟으면서도 구원의 길과 천국의 길에는 관심을 두지 않습니다. 구원 받고 천국으로 가는 길을 찾더라도, 생명으로 인도하는 문은 좁고 그 길은 협착하니 포기하는 자가 많습니다.

구원의 길, 천국의 길은 예수 그리스도입니다. 길이신 주님께 길을 물어야 합니다. 주님의 말씀이 그 길을 보여줍니다. 주님의 말씀이 영적 내비게이션입니다. 주님이 말씀을 통해 천국의 길을 알려 주시면 그대로 걸어가야 합니다. 그러면 세상도 천국으로 살 수 있고, 세상에서 승리할 수 있습니다.

그림의
떡

────── "떡은 떡인데 못 먹는 떡은 그림의 떡"이라는 말이 있습니다. 그림의 떡은 떡과 똑같이 생겼으나 그림에 불과하기에 먹지 못합니다. 실제 떡이 아니기 때문에 먹지 못합니다. 오늘날 성찬이 그림의 떡은 아닌지 생각해봐야 합니다.

주님은 "내 살을 먹고 내 피를 마시는 자는 영생을 가졌고 마지막 날에 내가 그를 다시 살리리니 내 살은 참된 양식이요 내 피는 참된 음료로다"(요 6:54-55)라고 말씀하셨습니다. 믿음 생활은 주님의 살과 주님의 피를 실제로 먹고 마셔서 영생을 얻는 것입니다. 영생을 얻고 영생으로 사는 참된 양식은 주님의 살과 피입니다. 그런데도 주님의 살과 피를 먹고 마시지 못하는 것은 주님의 살과 피를 그림의 떡으로 여기기 때문입니다. 주님의 살과 피를 먹고 마시면 실제로 죄가 씻어질까 의구심을 품기 때문입니다. 주님의 살과 피를 그림의 떡이라고 전하기 때문입니다. 그림의 떡처럼 전하기 때문에 듣는 자도 그림의 떡으로 쳐다봅니다. 결국 죄 사함이나 구원을 받지 못합니다.

주님의 살과 주님의 피를 먹고 마신다는 말은 아들을 보고 믿는다는 뜻입니다. 주님은 "진실로 진실로 너희에게 이르노니 믿는 자는 영생을 가졌나니"(요 6:47)라고 했습니다. 하나님의 아들이신 예수 그리스도를 믿는다는 말은 예수 그리스도께서 우리 죄를 짊어지셨다는 사실을 믿는다는 뜻입니다. 대속의 피를 흘려주신 보혈의 공로를 믿는다는 뜻입니다. 실제로 아들을 보고 믿는 자는 자기 죄를 짊어지신 십자가의 주님을 봅니다. 주님의 보혈 공로를 의지하여 자기 죄를 회개하여 모든 죄를 사해주시고 구원해주시는 은혜를 받게 됩니다. 이후로는 영생으로, 주님으로 살게 됩니다.

군대 가면
철들까

──────── "군대 가면 철든다"라는 말이 있습니다. 가정에서 부모의 사랑을 받고 철부지로 지내다 군대에 가서 훈련받고 고생하면 부모의 사랑을 알게 됩니다. 사랑을 베풀어준 부모를 몰라보고 마음대로 살았다는 사실을 깨닫고 부모를 공경하는 아들이 되기로 결심하게 됩니다.

어떤 부모는 자식에게 "군대 가서 철들어야 한다"라고 말하기도 합니다. 자식을 막 길러놓은 못난 부모가 자식이 군대에 가서 잘못된 행실을 고치기를 원하는 것입니다. 하지만 제대할 때가 되면 입대하기 전과 똑같은 상태로 원상 복귀하게 됩니다. 군대에 가서 고생하며 깨닫는 바가 있고, 후회하며 결심하는 일도 있겠으나 잘못된 인격이 고쳐지지는 않습니다. 전역하고 집에 돌아오면 즉시 옛날로 돌아갑니다.

고장 났으면 고쳐야 합니다. 자동차가 고장 났으면 수리하고 고쳐야 합니다. 고장 난 자동차는 가게 해달라고 기도해도 움직이지 않습니다. 철야로 기도해도, 금식하며 기도해도 굴러가지 않을 것입니다. 고장 난 것은 고쳐야 합니다. 죄인이 진리로 움직이지 못하는 것은 그의 인격이 죄로 말미암아 고장 났기 때문입니다. 죄인의 지정의는 고장 났기 때문에 잘못된 일을 생각하고, 잘못된 일에 마음이 움직이고, 잘못된 일을 하고자 합니다.

구주이신 주님은 죄를 씻어주시고 죄로 말미암아 고장 난 인격을 고쳐주십니다. 하나님 나라를 살 수 있는 인격으로 고치십니다. 그래서 사도 바울은 "누구든지 그리스도 안에 있으면 새로운 피조물이라. 이전 것은 지나갔으니 보라. 새 것이 되었도다"(고후 5:17)라고 했습니다. 그리스도와 연합되어 살 때 새 피조물로 살게 하십니다. 진리로 살고 주님으로 사는 심령이 되게 하십니다.

죄인에게는
들을 귀가 없다

─────── "귀가 얇다"라는 말이 있습니다. 다른 사람의 말을 쉽게 듣고 그 말에 쉽게 영향받는다는 뜻입니다. 귀가 얇으면 다른 사람의 말이 옳은지 그른지 제대로 파악하지 못합니다. 그 말을 곧이곧대로 듣고 믿습니다. 그래서 속는 일이 많고 사기당하는 일도 많습니다. 유혹에 넘어지는 일도 많고, 이용당하는 일도 많으며, 오해하고 잘못하는 일도 많습니다. 이 세상에 귀가 얇지 않은 사람은 거의 없을 것입니다.

많은 사람이 귀가 얇아서 다른 사람 말을 곧이곧대로 듣고 오해하여 넘어지는데, 그런 사람도 하나님의 말씀을 들을 때는 귀가 두껍습니다. 하나님의 말씀은 곧이곧대로 듣지 않습니다. 다른 사람 말에 영향을 받고 그 말을 믿고 잘 따르지만, 하나님의 말씀에는 영향을 받지 않습니다. 하나님의 말씀을 믿지도 않고 따르지도 않습니다.

다른 사람의 말은 곧이곧대로 들어도 하나님의 말씀은 곧이곧대로 듣지 못하는 것은 거듭나지 못한 죄인이기 때문입니다. 죄인에게는 들을 귀가 없습니다. 죄인이 예수를 믿고 거듭나야 듣는 귀가 열리게 됩니다. 그래서 "귀 있는 자는 성령이 교회들에게 하시는 말

부끄러움을 아는 교회

씀을 들을지어다"(계 2:7)라고 했습니다.

"귀 있는 자"라고 단수로 표현한 것은 거듭난 신자 개개인을 말하기 때문입니다. 태중에 있는 아이가 태어날 때 귀가 열려 부모의 사랑스러운 음성을 듣듯이, 죄인은 거듭날 때 귀가 열려 하나님의 사랑의 음성을 들을 수 있습니다. 하나님의 말씀이 들립니다. 하나님의 말씀을 듣는 귀가 열려 그 말씀을 곧이곧대로 듣게 됩니다. 사람의 말에 영향을 받지 않고 하나님의 말씀에 영향을 받아 말씀을 따라 살게 됩니다. 거듭난 자는 성령의 음성을 듣고 진리로 삽니다.

모든 길은
십자가로 통한다

─────── "모든 길은 로마로 통한다"라는 말이 있습니다. 로마가 세계를 지배할 때 로마를 기점으로 모든 길을 뚫어서 이 말이 생겼습니다. 로마가 길을 만든 것은 외적이 침범해 들어왔을 때 최대한 빠르게 군대를 투입하고, 전투에 필요한 군수물자를 보내기 위해서였습니다. 속국으로부터 세금을 거둬들이고 물자를 가져올 때 최대한 빠르게 로마로 운반하기 위해서였습니다.

로마는 돌을 깔아서 전차가 다닐 수 있을 정도로 견고하고 넓은 길을 만들었습니다. 도로가 물 때문에 유실되지 않도록 배수구까지 만들었습니다. 도로를 유지하고 보수하는 정부 기관도 있었습니다. 오늘날 고속도로 같은 길이라고 할 수 있습니다. 그만큼 로마는 도로를 중요시했습니다. 2천 년 전 만들어놓은 도로가 지금까지 보존되어 있습니다. 지금도 쓰고 있는 도로도 있습니다. 로마인들은 도로를 잘 만들었고, 잘 관리했습니다.

영적인 의미로 보면, "모든 길은 십자가로 통한다"라고 말할 수 있습니다. 어떤 환난과 질고를 당해도 구원의 길은 십자가에 있다는 뜻입니다. 십자가에서 모든 길이 열리게 됩니다. 죄인이 십자가에서 흘리신 주님의 보혈로 구속받게 될 때 먼저 하나님께 가까이

가는 길이 열립니다. 그러면 주님이 내 안에 거하시고 내가 주님 안에 거하게 됩니다. 주님이 내 모든 짐을 져주시니 환난 중에도 구원의 길이 열립니다.

그래서 사도 요한은 "사랑하는 자여 네 영혼이 잘됨 같이 네가 범사에 잘되고 강건하기를 내가 간구하노라"(요삼 1:2)라고 했습니다. 영혼이 잘되면 범사가 잘되고 강건하게 된다는 말입니다. 모든 게 잘되는 하나의 조건은 영혼이 잘되는 데 있습니다. 영혼이 잘된다는 말은 영혼이 주님의 보혈로 죄 씻음을 받아 성결하고 거룩하게 된다는 뜻입니다. 주님은 거룩한 영혼과 함께 계시기에 범사가 잘되는 것은 당연한 일입니다. 그러므로 모든 길은 십자가로 통하게 됩니다.

공空
예배

───── 예배는 구원받은 백성들이 모여 구원의 주님을 찬양하고 경배하는 것입니다. 우리는 예배할 때 주님을 만나고 주님이 예비해두신 은혜를 받습니다. 우리가 예배를 통해 주님을 만나지 못하고 은혜를 받지 못한다면, 그 예배는 주님이 받지 않으시는 공(空)예배입니다. 정성껏 준비해서 드리는 예배일지라도, 주님이 받지 않으신다면 공예배가 될 수밖에 없습니다.

주님은 수가성 여인에게 예배에 대해 말씀하셨습니다. "아버지께 참되게 예배하는 자들은 영과 진리로 예배할 때가 오나니 곧 이 때라. 아버지께서는 자기에게 이렇게 예배하는 자들을 찾으시느니라."(요 4:23) 하나님이 받으시는 참된 예배는 신령과 진정으로 드리는 예배입니다. 성령으로 살고 성령으로 사는 실재를 갖고 와서 드리는 예배입니다.

만일 성령으로 살지 못했다면 그 죄를 회개하며 예배해야 합니다. 그것이 신령과 진정으로 드리는 예배입니다. 참된 예배는 주님을 만나 구원받을 때 드려집니다. 주님이 여인에게 "아버지께 참되게 예배하는 자들은 영과 진리로 예배할 때가 오나니 곧 이 때라"(요 4:23)라고 말씀하신 이유입니다.

만일 성령과 진리가 아닌 육체와 지식으로 예배드린다면, 주님은 우리 예배를 받지 않으십니다. 오늘날 우리 마음과 생활에 잘못된 게 있어도 회개하지 않고 예배드린다면, 주님을 경외하지 않는 것입니다. 주님의 역사가 없는 공예배가 됩니다.

우리가 믿음으로 살고 말씀에 순종할 때 하나님의 역사가 나타나며, 하나님의 역사가 나타날 때 하나님을 예배하게 됩니다. 우리 믿음이 회복되면 생활이 회복되고, 생활이 회복되면 예배가 회복되고, 예배가 회복되면 영광도 회복됩니다.

사람의 칭찬을
경계하라

———— "칭찬은 고래도 춤추게 한다"라는 말이 있습니다. 칭찬의 긍정적인 면을 표현한 말입니다. 칭찬은 칭찬받는 사람에게 자긍심을 갖게 한다는 뜻입니다. 그런데 사람의 칭찬은 속사람이 아닌 겉사람을 보고 하는 경우가 많습니다. 그래서 사람이 칭찬받으면 스스로 칭찬받기에 합당한 사람이라고 생각하게 되어 교만해지기도 합니다.

칭찬받는 자가 되고자 힘을 다하게 되면, 사람에게만 잘 보이고 인정받으려는 외식에 빠지기도 쉽습니다. 칭찬을 더 이상 못 받게 되면, 실망과 좌절로 분노를 품기도 합니다. 사람의 칭찬이 갖는 위험성입니다. 그래서 다윗은 사람의 칭찬이 헛됨을 이렇게 증거했습니다.

"그가 비록 생시에 자기를 축하하며 스스로 좋게 함으로 사람들에게 칭찬을 받을지라도 그들은 그들의 역대 조상들에게로 돌아가리니 영원히 빛을 보지 못하리로다."(시 49:18-19)

그러나 하나님의 칭찬은 다릅니다. 하나님은 사람의 영혼과 마음을 보시고, 믿음으로 깨끗해진 심령을 보시고 칭찬하십니다. 하나님께 칭찬받기 위해, 사람에게 잘 보이려 하지 않고 하나님께 잘 보이려 한다면, 주님의 진리 말씀으로 살 것입니다. 하나님의 칭찬을 받는 사람은 헛된 영광을 바라보지 않습니다. 주님께 초점을 맞추고 삽니다.

사도 바울은 사람의 칭찬이 아닌 하나님의 칭찬을 받는 자가 되어야 한다고 했습니다. "그러므로 때가 이르기 전 곧 주께서 오시기까지 아무 것도 판단하지 말라. 그가 어둠에 감추인 것들을 드러내고 마음의 뜻을 나타내시리니 그 때에 각 사람에게 하나님으로부터 칭찬이 있으리라."(고전 4:5)

영적인 사람은 사람에게 칭찬받을 때마다 그 칭찬이 자신을 죽일 수 있음을 깨닫고, 칭찬받기를 기뻐하기보다 자기를 부인하고 주님께 영광을 돌리며 살 것입니다.

성령을
꺾어 먹는 자

───── '꺾어 먹기'란 다른 사람 생각을 무시하고 꺾는 행동을 말합니다. 어려서부터 습득되는 악습입니다. 어려서는 떼를 써서라도 부모를 꺾어 먹습니다. 떼쓰는 아이 앞에서는 장사 없습니다. 부모의 생각도 꺾입니다. 자식을 잘 기르고 싶은 모든 생각이 꺾이고 맙니다.

학교에 들어가서는 선생님을 꺾어 먹습니다. 부부가 되어도 꺾어 먹으려고 온 힘을 다합니다. 서로 꺾어 먹기에 힘씁니다. 윗사람을 꺾어 먹으려 합니다. 권위를 인정하지 않습니다. 반항하고 대적하여 꺾어 먹습니다. 자기를 세우고, 자기 생각을 세웁니다.

성령을 받은 성도들이 옛사람을 버리지 못해 성령을 꺾어 먹는 생활을 계속합니다. 진리를 깨닫게 하시고 진리로 살게 하시는 성령을 꺾습니다. 성령의 생각을 꺾어 먹습니다. 성령을 거역합니다. 성령께서 진리로 나를 꺾게 해야 하는데, 내가 성령을 꺾어 먹습니다. 성령을 소멸시키는 일입니다. 그래서 진리로 살지 못하고 믿음으로 살지 못합니다.

사도 바울은 "육체의 소욕은 성령을 거스르고 성령은 육체를 거스르나니 이 둘이 서로 대적함으로 너희가 원하는 것을 하지 못하게 하려 함이니라"(갈 5:17)라고 했습니다. 바울은 "육신의 생각은 하나님과 원수가 되나니 이는 하나님의 법에 굴복하지 아니할 뿐 아니라 할 수도 없음이라. 육신에 있는 자들은 하나님을 기쁘시게 할 수 없느니라"(롬 8:7-8)라고도 말했습니다.

그리스도인이 은혜를 받고 성령을 받아도 복을 누리지 못하는 것은 성령을 꺾어 먹기 때문입니다. 성령이 우리 가운데 역사하시는 일이 희귀한 이유입니다. 우리가 죄를 깨닫게 하시고, 회개를 통해 우리를 거룩하게 하시기를 원하시는 성령을 꺾기 때문입니다. 이제는 성령께서 나를 꺾어주셔야 합니다. 성령께서 내 교만과 거만과 악함과 고집을 꺾어주셔야 합니다.

고범죄에
빠지지 않으려면

———— 알면서도 고의로 짓는 죄를 고범죄(willful sin)라고 합니다. 주님께서 용서해 주시리라 믿고 짓는 죄도 고범죄라고 할 수 있습니다. 고범죄는 악한 죄입니다. 만일 믿음의 사람이 고범죄를 짓는다면 교만해졌다는 증거입니다. 믿음의 사람이 교만해지면 스스로 무언가가 된 줄 알고 말씀도 보지 않고 기도도 하지 않게 됩니다.

교만한 자는 주님의 은혜를 지속적으로 공급받지 못해 영적 배고픔을 느낍니다. 결국 영적 배고픔을 세상을 통해 채우려 합니다. 그 결과, 세상을 더 좋아하고 믿음이 약해져 주님과의 교제에서 멀어집니다. 마귀의 공격을 받아 넘어집니다. 맹수가 무리에서 떨어진 짐승을 공격해 먹이로 삼는 모습처럼, 마귀도 영적 교제권에서 이탈된 병든 자를 공격해 넘어지게 합니다.

가룟 유다가 은 삼십에 예수님을 팔아넘긴 것은 스스로 교만해졌기 때문입니다. 말씀을 먹지 않고 기도도 하지 않아 주님과 제자들의 교제에서 멀어졌기 때문입니다. 다른 제자들은 말씀과 기도로 날마다 변화되었는데, 가룟 유다만 변화되지 않았습니다. 말씀으로 심령이 변화되지 않으면 반드시 변질됩니다. 심령이 변질되면 믿음이 변질됩니다. 믿음이 변질되면 마귀의 공격을 받게 됩니다.

마귀가 가룟 유다 마음에 예수를 팔려는 생각을 넣었을 때, 그는 마귀가 주는 생각을 이기지 못했습니다. 예수를 팔아넘긴 후 자신의 죄를 깨달았으나 회개하지 못하고 죄책감을 이기지 못해 목매어 죽고 말았습니다. 다윗은 "주의 종에게 고의로 죄를 짓지 말게 하사 그 죄가 나를 주장하지 못하게 하소서. 그리하면 내가 정직하여 큰 죄과에서 벗어나겠나이다"(시 19:13)라고 간구했습니다. 고범죄에 빠지지 않으려면 날마다 말씀과 기도로 깨어있어야 합니다.

노예근성

─────── '노예근성'이라는 말이 있습니다. 남이 강압적으로 시키면 억지로라도 하고, 그러지 않으면 하지 않는 근성을 가리킵니다. 중고등학교에 다니던 때가 생각납니다. 교복을 입고 등교하면 교문에는 언제나 체육 선생님과 선도부 선배들이 줄지어 있었습니다. 그렇게 있다가 교복이 단정하지 못한 학생을 골라내어 벌을 세웠습니다. 얻어맞기도 했습니다.

그때는 체육 선생님이 무서웠습니다. 들키면 곤봉으로 얻어맞았습니다. 그게 무서워서 학교 정문 앞에 다다르면 골목길에서 호크를 점검하고 모자를 바로 썼습니다. 인사하며 학교로 들어갔습니다. 그러나 체육 선생님이 강압적이지 않으면 혼나더라도 가볍게 여기며 다녔던 기억이 납니다. 노예근성은 노예 인격에서 나옵니다. 위협하며 강압적으로 시키면 두려움을 느껴 싫더라도 억지로 합니다. 그런데 인격적으로 대해주면 그 사람을 무시하고 시키는 일도 제대로 하지 않습니다. 가볍게 여겨도 된다고 생각하기 때문입니다.

노예근성은 좋지 않은 습성입니다. 구원받은 하나님의 자녀는 변화된 자들입니다. 노예 인격이 주님의 인격으로, 복음의 인격으로 변한 자들입니다. 누가 강압적으로 시켜서 하지 않습니다. 주님의 뜻을 깨닫게 되면, 누가 보는지 안 보는지는 상관하지 않게 됩니다. 누가 알아주는지 알아주지 않는지도 상관하지 않습니다. 주님께서 깨닫게 하신 대로 주님의 마음으로 행하여 사랑하고 섬기며 봉사하고 전도합니다.

믿음의 사람들은 사회에서도 누가 본다거나 시켜서 하지 않습니다. 먹고살기 위해서 억지로 하지 않습니다. 주님께 하듯 모든 일을 합니다. 그래서 세상 사람들도 예수 믿고 거듭난 인격, 복음의 인격을 기뻐하고 그들을 귀중히 여기는 일이 나타납니다. 사도 바울은 "종들아 모든 일에 육신의 상전들에게 순종하되 사람을 기쁘게 하는 자와 같이 눈가림만 하지 말고 오직 주를 두려워하여 성실한 마음으로 하라"(골 3:22)라고 했습니다.

내가 교회를
위해서…

———— "내가 교회를 위해서 … 했다"라는 말은 맞는 말일까요? 어떻게 보면 믿음이 좋은 사람의 말로 들립니다. 교회가 무엇인지 조금이라도 생각해보면 잘못된 말, 불신앙의 말이라는 사실을 알게 됩니다. 교회는 구원받은 성도들의 모임입니다. 구원받은 성도들의 모임인 교회는 눈에 보이지 않는 교회(invisible church)이며, 우주적인 교회(universal church)입니다. 주님이 기뻐하시는 참된 교회입니다.

참된 교회는 사람들이 세울 수 없습니다. 영혼들이 예수 그리스도를 믿고 회개하고 구원받는 것이 전적으로 주님의 일이듯이, 교회를 세우는 것도 전적인 주님의 일입니다. 그래서 주님은 "내가 이 반석 위에 내 교회를 세우리니 음부의 권세가 이기지 못하리라"(마 16:18)라고 말씀하셨습니다. 보이지 않는 참된 교회는 주님만이 세우실 수 있다는 말은 주님만이 영혼들을 구원하신다는 뜻입니다. 그 영혼들이 구원받은 대로 거룩하게 살고 천국의 교제를 나누는 교회가 되게 하신다는 뜻입니다.

물론 눈에 보이는 교회(visible church)도 있습니다. 지역교회(local church)를 말합니다. 구원받지 못한 사람까지도 모여 활동하는 조직으로서 교회를 말합니다. "내가 교회를 위해서 … 했다"라는 말이

부끄러움을 아는 교회

지역교회를 염두에 두고 한 말이라면, 교회 조직의 유익과 보존을 위해 무언가를 했다는 뜻이겠습니다. 그러나 교회 조직의 유익과 보존도 교회의 머리 되시는 주님이 하시는 일입니다.

또한 "내가 교회를 위해서 … 했다"라는 표현은 자신의 유익과 영향력을 지키기 위한 말일 수도 있습니다. 일제강점기에 신사참배를 한 목사들과 장로들은 한결같이 교회를 지키기 위해서 한 일이라고 말했습니다. 그러면서 신사참배를 거부하고 옥고를 치른 주의 종들을 향해서는 되레 교회를 지키지 못한 자라고 정죄했습니다. 그러므로 "내가 교회를 위해서 … 했다"라는 말이 얼마나 불신앙의 말인지 깊이 생각해야 합니다.

믿음의 장부가
되어야

———— '장부'(丈夫)는 몸이 건장할 뿐 아니라 인격이 성장하여 생각도 깊고 마음이 아름답게 변한 장성한 남자를 말합니다. 영적 세계에도 믿음의 장부가 있는가 하면 믿음의 미숙아도 있습니다. 믿음의 장부는 믿음이 장성한 사람입니다. 자기를 부인하고 자기 십자가를 질 뿐 아니라 하나님의 뜻에 따라 사는 자입니다.

바울이 "형제들아 내가 하나님의 모든 자비하심으로 너희를 권하노니 너희 몸을 하나님이 기뻐하시는 거룩한 산 제물로 드리라. 이는 너희가 드릴 영적 예배니라. 너희는 이 세대를 본받지 말고 오직 마음을 새롭게 함으로 변화를 받아 하나님의 선하시고 기뻐하시고 온전하신 뜻이 무엇인지 분별하도록 하라"(롬 12:1-2)라고 말했듯이, 믿음의 장부는 하나님의 선한 뜻을 분별하고 그 뜻을 따라 사는 자입니다.

반면에 믿음의 미숙아는 씻지 못한 죄 때문에 심령이 더럽고 결함이 많은 미성숙한 사람입니다. 하나님의 선하신 뜻을 분별하지 못하고, 그 뜻을 준행하지 못합니다. 하나님의 말씀에 따라 자기를 부인하거나 순종하지 못하니 형제도 사랑할 수 없습니다.

〈똑바로 보고 싶어요〉라는 복음성가가 있습니다. 가사 중에 "똑

바로 걷고 싶어요"라는 표현이 나오는데, 작사가가 뇌성마비 자매가 찬양하는 모습에 감동하여 그렇게 썼다고 합니다. 그런데 몸에 장애가 없는 그리스도인들이 이 복음성가를 애창했습니다. 몸에는 문제가 없지만 영적 결함이 있어서 신앙생활 가운데 날마다 넘어지는 이들이 가사에서 자기 모습을 보았기 때문입니다.

우리는 스스로 믿음의 장부인지, 믿음의 미숙아인지 살펴야 합니다. 만일 영적 결함이 있다면 무슨 문제인지 살펴봐야 합니다. 기도 못 하는 문제, 말씀 못 보는 문제, 순종 못 하는 문제, 헌신 못 하는 문제, 전도 못 하는 문제가 생기지는 않았는지 살펴보고, 주님께 고쳐달라고 간구해야 합니다. 그렇게 고침을 받아 믿음의 장부가 되어야 합니다. 그래야 주님과 동행하며 승리하는 신앙생활을 경험할 수 있습니다.

하나님의
긍휼

———— '긍휼'은 불쌍히 여겨 돌봐준다는 뜻입니다. 내 도움이 없으면 살 수 없을 것 같아서 불쌍히 여겨 돌봐주는 것이 긍휼입니다. 병든 채 떠돌아다니는 유기견을 불쌍히 여겨, 만나는 대로 데려다가 자기 돈을 들여 병을 고치고 돌봐주는 사람이 있습니다. 이런 행동도 하나의 긍휼로 볼 수 있습니다. 하나님은 긍휼의 하나님이십니다. 세상 모든 사람을 불쌍히 여기십니다.

그런데 하나님께 긍휼을 받는 사람들이 있는가 하면, 긍휼을 받지 못하는 사람들도 있습니다. 성경은 하나님을 경외하는 사람이 하나님의 긍휼을 받는다고 말합니다. "아버지가 자식을 긍휼히 여김 같이 여호와께서는 자기를 경외하는 자를 긍휼히 여기시나니"(시 103:13)라고 했습니다.

하나님을 경외하는 자는 누구입니까? 자기 죄와 악을 깨달을 뿐 아니라, 멸망할 죄인이라는 사실을 스스로 깨닫고 하나님께 불쌍히 여겨달라고 부르짖는 사람입니다. 죄를 짓고 악을 행하면서 뻔뻔하게 사는 대부분의 사람과 달리, 자기 죄를 깨닫고 마음으로 아픔을 느끼며 통회합니다. 하나님께서 자기를 불쌍히 여겨주시지 않으면 단 한 순간도 살 수 없다는 사실을 철저히 깨닫고 하나님의 긍휼을

부끄러움을 아는 교회

구하는 자입니다. 하나님께서는 이렇게 하나님을 경외하는 자들에게 긍휼을 베풀어 주십니다.

하나님께서 긍휼을 베풀어주시는 방법은 바로 은혜입니다. 하나님이 베풀어주시는 은혜는 죄를 씻어 구원받게 하고 심령을 성결하게 합니다. "여호와는 마음이 상한 자를 가까이 하시고 충심으로 통회하는 자를 구원하시는도다"(시 34:18)라고 했습니다. 하나님은 죄로 인해 아픈 마음을 품고 통회하는 자에게 은혜를 베풀어 구원해 주십니다. 맹인 거지 바디매오가 "다윗의 자손 예수여 나를 불쌍히 여기소서"(막 10:47)라고 부르짖었듯이, 우리도 주님께 긍휼을 구하고 구원의 은혜를 받아야 합니다.

성령의
모니터링

──── '모니터링'(monitoring)은 감시, 관찰을 뜻하는 단어입니다. 방송국에서 전문가에게 의뢰해서 방송 프로그램 내용을 평가하여 의견을 제출하는 일을 의미하기도 합니다. 회사에서 자사 제품을 소비자에게 사용하게 하고 평가를 듣는 일도 모니터링입니다. 모니터링으로 방송과 제품에 대한 의견과 평가를 들으면, 단점은 보완하고 장점은 발전시켜 방송 프로그램이나 해당 제품을 더 좋게 만들 수 있습니다. 유능한 사람은 자기 일을 언제나 모니터링하여 자신을 발전시켜 나갑니다.

신앙생활도 마찬가지입니다. 자신의 영혼과 마음과 생활을 모니터링해야 합니다. 이는 다른 무엇보다 먼저 해야 할 중요한 일입니다. 그런데도 모니터링하지 못하는 것은 스스로 할 수 있는 일이 아니기 때문입니다. 다른 사람이 해줄 수도 없습니다. 사람은 자기 영혼의 더러움을 볼 수 없습니다. 마음도, 생활도 볼 수 없습니다. 이를 모니터링하실 수 있는 분은 오직 성령이십니다. 성령께서는 영혼과 마음과 생활을 보고 계시기에, 우리가 영혼의 더러움을 알아챘을 수 있도록 도우십니다. 생활의 잘잘못도 알게 하여 고치실 수 있습니다.

사울 왕은 사무엘 선지자를 통해 주님의 모니터링을 받았고, 다윗 왕은 나단 선지자를 통해 모니터링을 받았습니다. 사울 왕은 주님의 모니터링을 받고도 회개하지 않아 버림받았습니다. 그러나 다윗 왕은 주님의 모니터링을 받았을 때 통회하고 자복하여 용서받고 다시 세워졌습니다. 다윗은 "하나님이여 나를 살피사 내 마음을 아시며 나를 시험하사 내 뜻을 아옵소서. 내게 무슨 악한 행위가 있나 보시고 나를 영원한 길로 인도하소서"(시 139:23-24)라고 부르짖어 간구했습니다. 매일 주님과 함께 살고자 한다면, 성령께서 내 영혼을 모니터링해 주시는 은혜를 날마다 구하고 받아야 합니다.

영혼에
좋은 음식

—————— "입에 좋은 음식은 몸에 좋지 않다"라는 말이 있습니다. 패스트푸드는 입에 쩍 달라붙을 정도로 맛있지만, 많이 먹으면 비만이나 당뇨 같은 병을 유발하기도 합니다. 내 입에 좋은 음식이 내 몸에 독이 될 때가 있어 입에 당기는 음식보다 몸에 좋은 음식을 섭취해야 한다고 말합니다. 우리가 말씀을 먹을 때도 마찬가지입니다. 귀에 듣기 좋은 것만 먹으면 영혼에 독이 됩니다. 듣기 싫은 말씀일지라도 영혼에 좋다면 받아먹어야 합니다.

그런데 대부분의 사람이 영혼에 좋은 말씀을 듣는 것을 힘들어합니다. 영혼을 살리는 말씀인데도 힘들어하는 것은 마음속에 숨겨진 죄악이 드러나기 때문입니다. 이것은 마치 병원에 가면 병을 고칠 수 있는데도, 자신이 모르는 무서운 병이 드러날까 봐 두려워서 병원 가기를 망설이는 모습과 같습니다. 그렇다고 해서 환자가 의사에게 병이 아닌 다른 재미있는 이야기를 해달라고 청하지는 않습니다. 환자는 의사가 자신의 병에 대해 말하고 치료 방법을 알려주는 것을 더 기뻐합니다.

성도는 주님께서 영혼을 죽게 한 죄와 하나님 나라를 살지 못하는 허물에 대해 말씀하실 때 이를 기쁘게 받아야 합니다. 영혼을 살리고 고치는 말씀이기 때문입니다. 주님과 함께 하나님 나라를 살기 위해서 해야 할 일들을 말씀해 주신다면, 자세히 듣고 따르기를 기뻐해야 합니다. 의사의 말을 잘 들으면 병을 고치고 건강한 생활을 누릴 수 있습니다. 주님의 말씀을 잘 듣고 순종하면 영적 생활이 회복되고 주님과 함께 사는 복을 누리게 됩니다. 주님은 제자들에게 "너희는 내가 일러준 말로 이미 깨끗하여졌으니 내 안에 거하라. 나도 너희 안에 거하리라"(요 15:3-4)라고 하셨습니다.

말씀의 싹,
은혜의 물

──── "싹수가 노랗다"라는 말이 있습니다. 싹이 노랗게 타들어가 열매 맺을 가능성이 없어 보인다는 말입니다. 썩은 씨앗이 아니라면, 밭에 씨를 뿌렸을 때 반드시 싹이 납니다. 싹이 돋아도 비가 오지 않으면 노랗게 타들어갑니다. 그래서 가뭄이 들면 농부가 양수기로 물을 공급해줍니다. 싹이 노랗게 타들어가지 않도록 힘을 다하고, 싹이 잘 자라도록 김을 매주고, 열매를 거둬들이기 위해 최선을 다합니다.

주님은 천국을 비유로 말씀하셨을 때 밭에 뿌린 씨를 이야기하셨습니다. 말씀도 씨와 같이 마음에 뿌려지면 싹이 난다는 말입니다. 말씀을 많이 듣는 일도 귀중하지만, 말씀이 마음에 심기고 싹이 나야 합니다. 말씀이 마음에 심기지 않아 싹이 나지 않는다면, 싹이 나더라도 노랗게 타들어간다면 믿음 생활에 문제가 생긴 것입니다. 밭에 심긴 씨에 물이 공급되지 않듯이 은혜가 공급되지 않는다는 말입니다. 은혜의 물이 공급되지 않는다면 말씀이 마음에 심겨도 싹이 나지 않고, 싹이 나더라도 노랗게 타들어갑니다. 말씀의 싹이 타들어가지 않게 하려면 은혜의 물이 계속 공급되어야 합니다.

은혜의 물이 날마다 공급되면 말씀의 싹이 나옵니다. 충실한 이삭도 나오고 열매를 많이 맺을 수 있습니다. 날마다 말씀대로 살게 됩니다. 말씀대로 살되 바울처럼 살게 됩니다. 마음 씀씀이가 사무엘과 같이 됩니다. 주님께서 모세를 친구처럼 대해주시는 복을 받아 누릴 수 있습니다. 은혜의 물이 계속 공급되려면 주님께 간구해야 합니다. 은혜는 간구하여 받을 수 있기 때문입니다. 골방에서 주님을 만나는 기도 생활이 회복되어야 합니다. 곡식이 하룻밤 사이에 몰라보게 자라듯이, 말씀의 싹이 몰라보게 자라나 주님을 닮고 주님과 동행하는 삶이 됩니다.

하나님만 보고
신앙생활하라?

───── 오늘날 교회에 시험 드는 일이 많이 있습니다. 교회에 오면 시험에 든 심령이 살아나고 새 힘을 얻어 주님으로 살게 되어야 하는데 현실은 그렇지 못합니다. 오늘날 성도들의 믿음이 연약하기 때문입니다. 그래서 교회에 오면 연약한 심령들끼리 서로 상처를 주고 상처를 받는 일이 허다하게 일어납니다. 그렇게 시험에 들고 상처받아 교회를 떠나는 일이 발생합니다.

그때마다 흔히 하는 권면 중 하나가 "사람을 보지 말고 하나님만 보고 신앙생활하라"라는 말입니다. 옳은 말입니다. 그러나 온전히 옳은 말은 아닙니다. 교회는 하나님과 함께 사는 것을 보여주는 곳이기 때문입니다. 성도들은 하나님과 함께 가정생활과 직장 생활을 하고 교회에 돌아와 하나님과 함께 산 증거를 보여주는 자들입니다. 성도들이 교회에 와서 하나님과 함께 승리하는 생활을 한 모습을 보여줄 때, 다른 성도들도 가정과 직장에 돌아가 하나님 나라를 사는 힘을 얻을 수 있습니다.

"하나님만 보고 신앙생활하라"라는 말은 맞지만 틀린 말입니다. 자신이 하나님을 보지 못하게 가리는 것은 생각하지 않고 하나님만 보라고 말한다면 모순입니다. 그런 말을 듣더라도 하나님만 보고 신앙생활을 할 수 없을 것입니다. 주님은 "맹인이 맹인을 인도할 수 있느냐. 둘이 다 구덩이에 빠지지 아니하겠느냐"(눅 6:39)라고 하셨습니다.

교회는 나의 하나님을 서로 보여주는 곳입니다. 내 속에서 역사하신 하나님을 보여주는 곳입니다. 하나님을 보여줘야 할 사람들이 하나님을 보여주지 못한 채 "하나님만 보고 신앙생활하라"라고 했다면 그 말을 바꿔야 합니다. 이제부터는 하나님이 나와 함께하시고 내가 하나님과 함께 산 증거를 보여주어 "나를 보고 힘 얻고 신앙생활하라"라고 해야 할 것입니다. 내 속에 계신 하나님을 보여줘야 합니다.

교회 성장이라는
말

───── 교회는 주님의 죽으심과 부활로 이루어졌고, 성령의 강림으로 완성되었습니다. 따라서 교회는 약하지 않습니다. 부족하지 않습니다. 주님은 베드로에게 "내가 이 반석 위에 내 교회를 세우리니 음부의 권세가 이기지 못하리라"(마 16:18)라고 하셨습니다. 교회는 음부의 권세도 이기지 못하는 완전한 곳입니다. 교회는 미숙하지 않습니다. 미완성도 아닙니다.

이런 점에서 '교회 성장'(Church Growth)은 잘못된 말입니다. 하나님의 교회가 완전하지 못해 성장해야 한다는 생각은 잘못된 것입니다. 성도들의 심령이 연약하기에 심령이 강해져야 한다는 말과 성도들의 믿음이 연약하기에 믿음이 성장해야 한다는 말은 할 수 있습니다. 그런데 교회가 성장해야 한다는 말은 불가합니다. 교회는 강합니다. 약하지 않습니다. 우리는 약해도 교회는 약하지 않습니다.

그러나 주님의 피로 세우신 완전한 교회가 성도들의 죄와 교만으로 약해집니다. 모세가 보낸 정탐꾼 열둘이 약속의 땅을 보고 돌아왔을 때 그중 열 명은 악평을 늘어 놓았습니다. "이스라엘 자손 앞에서 그 정탐한 땅을 악평하여 이르되 우리가 두루 다니며 정탐한 땅은 그 거주민을 삼키는 땅이요 거기서 본 모든 백성은 신장이 장대한 자들이며 거기서 네피림 후손인 아낙 자손의 거인들을 보았나니 우리는 스스로 보기에도 메뚜기 같으니 그들이 보기에도 그와 같았을 것이니라."(민 13:32-33) 이들은 불평과 원망으로 교회를 슬프게 했습니다. 교회를 낙심하게 했습니다. 광야 교회는 밤새도록 울며 모세와 아론을 원망했고, 한 지휘관을 세워 애굽으로 돌아가자고 했습니다.

오늘날에도 내 교만과 불신앙, 불평과 원망이 교회를 낙심시키고 슬프게 해서 하나님의 역사를 방해하고 있지는 않은지 살펴봐야 합니다. 내 불신앙과 이기심이 온전한 교회를 힘들게 하고 약하게 하고 있지는 않은지 살펴보고, 하나님께서 영광을 받으시는 교회 생활을 해야 합니다.

내가
문제다

──────── 사람들은 모든 것이 좋게 변화되길 원합니다. 남편이 변화되기를 바라고, 아내가 변화되기를 바라고, 자식이 변화되기를 바라고, 주변 여건도 변화되기를 바랍니다. 그러나 아무리 기다려도 변화되지 않습니다. 변화되지 않는 모습에 낙심하기도 하고 고통당하기도 합니다. 사람들은 자신이 변화되지 않은 채로 다른 사람과 다른 대상이 변화되기를 바라고 있습니다.

모든 변화는 내 심령의 변화에 달렸습니다. 내가 변화되면 모든 것이 변화됩니다. 내가 변화되지 않으면 어떤 것도 변화되지 않습니다. 내가 변화된 만큼 다른 것도 변화됩니다. 내가 조금만 변화되면 조금만 변화되고, 내가 온전히 변화되면 온전히 변화될 것입니다.

"자식의 모습이 내 모습이다"라는 말이 있습니다. 모든 것이 나의 반향이라는 뜻입니다. 내 모습에 따라 모든 게 반향을 일으키는 것은 나의 영적인 모습이 상대방에게 그대로 비치기 때문입니다. 사람은 서로를 비춥니다. 자식이 고집을 피우고 어그러진 말을 한다면, 그것이 주님 앞 내 모습이라는 사실을 알아야 합니다. 내가 주님께 고집 피우고 어그러진 영이 된 것입니다.

부끄러움을 아는 교회

196

내가 주님과 온전히 사는 심령이 되면 그 영향력이 그대로 식구들에게 전달됩니다. 다시 말해, 내가 주님과 함께 사는 거룩한 심령으로 변하면 영적인 영향력이 나타나 식구들이 변하는 역사가 일어난다는 뜻입니다.

모든 문제는 환경이나 남편, 아내, 자식의 문제가 아닙니다. 내가 문제라는 말입니다. 이 진리를 깨달아야 합니다. 내가 변할 때 다른 것도 변화되는 역사가 나타납니다. 사도 바울은 "그런즉 누구든지 그리스도 안에 있으면 새로운 피조물이라. 이전 것은 지나갔으니 보라 새 것이 되었도다"(고후 5:17)라고 했습니다. 내가 변화되면 모든 것이 변화되게 하시는 주님의 역사가 나타납니다.

당신의 영적
혈액형은?

────── 혈액형에 따라 사람의 성격을 비교하는 글을 읽은 적이 있습니다. A형은 소세지(소심하고 세심하고 지랄 맞다), B형은 오이지(오만하고 이기적이고 지랄 맞다), O형은 단무지(단순하고 무식하고 지랄 맞다), AB형은 지지지(지랄 맞고 지랄 맞고 지랄 맞다)로 표현했습니다. 어떤 혈액형이든 "지랄 맞다"라는 말은 빠지지 않는데, 변덕스럽고 분별없이 함부로 행동한다는 뜻입니다. 지랄 맞은 것은 모든 사람의 특징인가 봅니다.

지랄 맞은 사람의 모습은 입으로 공기를 넣다가 그냥 놓으면 바람이 빠지면서 날아가는 풍선과 같습니다. 모든 사람이 언제 어디서 어떻게 튈지 알 수 없습니다. 언제 악을 행할지 예측하기 어렵습니다. 모든 사람이 이기적이고 자기중심적이기 때문입니다. 때가 되면 자기 욕심을 채우기 위해 형제들에게라도 악을 행합니다. 그러므로 모든 사람의 혈액형은 S형, 곧 죄인(Sinner)형입니다. 타고난 혈액형, 타고난 개인의 특성을 없앨 수 없듯이 타고난 죄성도 없앨 수 없습니다.

그러나 주님의 보혈로 죄 사함을 받고, 주님의 말씀으로 죄로 말미암아 고장 난 인격이 고쳐지면 심령과 생활이 거룩하게 변하게 됩니다. 바울은 "그리스도 예수 안에 있는 자에게는 결코 정죄함이 없나니 이는 그리스도 예수 안에 있는 생명의 성령의 법이 죄와 사망의 법에서 너를 해방하였음이라"(롬 8:1-2)라고 했습니다. 죄 사함을 받으면 죄와 사망의 권세에 매인 자들이 해방됩니다. 해방된 자들은 죄를 이기며 거룩하게 살게 됩니다. 그러므로 예수 그리스도를 믿고 죄에서 구원받은 자들의 혈액형은 C형, 곧 그리스도(Christ)형으로 변하게 됩니다. 구원받은 후에는, 예수 그리스도를 따르고 예수 그리스도로 말미암아 사는 심령이 됩니다.

5부

사회를 읽다

상호확증파괴
시대

──────── 중국의 만리장성은 외적의 침입을 막고, 나라의 평안과 안전을 보장하기 위해 만들어졌습니다. 오늘날에는 만리장성을 세우는 대신 최첨단 무기들이 개발되고 있습니다. 전 세계에서 진행되는 무기 개발은 하나님께서 6일 동안 창조하신 천지 만물을 6분 안에 재로 만들 수 있는 파괴의 방향으로 치닫고 있습니다.

그래서 현대를 미친 시대(Age of Mad)라고 부르기도 합니다. 한 연구원은 영어 단어 MAD의 첫 글자를 따서 이 시대를 상호확증파괴(Mutually Assured Destruction, MAD)의 시대라고 이름 붙이기도 했습니다. 국가, 사회, 개인을 막론하고 자기 평안을 위해 만리장성을 쌓고 서로 공격하고 파괴하는 세상입니다. 자기 안전과 평안을 위해 자기 안에 담을 쌓고 상대방을 공격하고 파괴합니다. 이 같은 미친 자기 평안은 언젠가 파멸로 이어질 것입니다.

개인이나 국가가 쌓고 있는 만리장성을 부수는 일은 거의 불가능합니다. 서로 파괴하는 이 세대를 새롭게 하는 것도 불가능합니다. 마치 브레이크가 고장 난 열차가 내리막길로 달리는 모습 같습니다. 서로 파괴하면서 끝이 날 것입니다. 자기 평안을 위해 상대방을 파괴하는 미친 싸움을 막을 수 없습니다. 이 싸움을 막을 수 있는 것은 오직 믿음뿐입니다.

사도 바울은 "이제는 전에 멀리 있던 너희가 그리스도 예수 안에서 그리스도의 피로 가까워졌느니라. 그는 우리의 화평이신지라. 둘로 하나를 만드사 원수 된 것 곧 중간에 막힌 담을 자기 육체로 허시고 법조문으로 된 계명의 율법을 폐하셨으니 이는 이 둘로 자기 안에서 한 새 사람을 지어 화평하게 하시고 또 십자가로 이 둘을 한 몸으로 하나님과 화목하게 하려 하심이라"(엡 2:13-16)라고 했습니다. 예수 믿고 죄 사함을 받아 거듭날 때 심령의 담은 허물어집니다. 서로의 담도 허물어져 평화를 누리게 됩니다.

관제탑 지시를
따르라

──────── 캄보디아 여객기가 떨어져 탑승객 22명의 귀한 생명이 희생당했습니다. 기장은 사고 직전 고도가 너무 낮다는 관제탑의 경고를 들었지만 "이곳 지형은 내가 잘 안다"라고 답했다고 합니다. 조종사 한 사람의 실수로 많은 사람이 희생되고 수많은 이가 고통당하게 되었습니다.

영적 관제사인 주님은 지금도 우리에게 말씀하십니다. 주님의 말씀을 듣지 못하는 것은 심령이 고장 났기 때문입니다. 라디오 수신기가 고장 났을 때 방송국에서 송출하는 방송을 들을 수 없는 것과 같습니다. 심령이 죄로 고장 나면 주님의 음성을 듣지 못합니다.

주님의 말씀을 듣지 못하는 또 다른 이유는 교만입니다. 교만하면 주님의 말씀을 듣지 않고 거역합니다. 하나님께서는 사울 왕에게 아말렉과 그들의 모든 소유를 진멸하라고 하셨으나 사울 왕은 따르지 않았습니다. 이미 교만해져서 아각 왕을 사로잡고 귀중한 것은 탈취하듯 가져왔습니다. 주님의 말씀을 듣지 못하는 것은 자기 생각과 경험을 더 의지하기 때문입니다.

주님이 제자들과 함께 배를 타고 갈릴리 바다를 건널 때 고물에서 주무셨습니다. 갑자기 광풍이 불어 배가 흔들리고 침몰 위기에

놓이자 제자들은 주님을 깨우지 않고 자신들의 경험과 방법과 힘으로 해결하려 했습니다. 육신의 생각이 하나님과 원수가 된다는 사실을 깨닫지 못했기 때문입니다.

　여객기 조종사는 끝까지 자기 경험과 생각을 의지하여 관제사의 경고를 무시했고, 큰 사고를 당했습니다. 우리도 영적 관제사인 주님께서 경계의 말씀을 하실 때 무시하면 큰 사고로 고통당할 것입니다. 주님께서 주시는 말씀을 청종하여 날마다 생명의 길을 걸어가는 은혜를 받아야 합니다.

하나님과 함께
사는 일

────── 오늘날은 외로움의 시대입니다. 자식이 있어도 외롭습니다. 배우자가 있어도 외롭습니다. 사랑하는 사람이 있어도 외롭습니다. 함께할 수 있는 시간이 많지 않기 때문입니다. 외로움을 달래기 위해서 너 나 할 것 없이 애완동물을 키웁니다. 애완동물을 키우고 애완동물과 정을 나눕니다. 이제는 개, 고양이를 넘어서 돼지, 닭, 뱀 등도 애완동물로 함께 생활하고 있습니다.

애완동물이 주인과 함께 살려면 주인 수준까지 깨끗해져야 합니다. 집 밖에서 키우는 애완동물은 깨끗하지 않아도 되지만, 집 안에서 키우고 함께 살려면 깨끗하게 씻어야 합니다. 샴푸로 몸을 씻고 입에서 냄새나지 않도록 칫솔질까지 해줘야 합니다. 변을 봐도 냄새나지 않도록 특별한 사료까지 공급해주어야 합니다. 병원에도 데리고 다녀야 합니다.

하나님과 함께 사는 일도 마찬가지입니다. 내 마음 깊은 곳에 숨겨진 더럽고 악한 죄를 씻지 않으면 하나님과 함께 살 수 없습니다. 죄를 품고 하나님과 함께 산다는 말은 어불성설입니다. 애완동물이 주인 수준까지 깨끗해져야 하듯이, 우리도 하나님 수준까지 죄를 씻어 정결해져야 합니다. 하나님과 함께 살려면 거룩해질 때까지 죄를 씻어야 합니다. 그렇게 영혼이 거룩해지고 마음이 깨끗해져야 합니다. 그럴 때 하나님과 함께 사는 자가 됩니다.

애완동물이 스스로 깨끗하게 씻지 못하듯이 우리도 스스로 깨끗하게 씻지 못합니다. 주님은 애완동물을 씻어주는 주인처럼 나를 씻어주십니다. 우리의 주인 되신 주님은 우리가 회개하고 믿을 때, 믿고 회개할 때 손수 씻어주시고 하나님과 함께 살게 하십니다. 주님은 "너희는 내가 일러준 말로 이미 깨끗하여졌으니 내 안에 거하라. 나도 너희 안에 거하리라"(요 15:3-4)라고 말씀하셨습니다.

배금주의를
넘어서

────── 행복 과학 분야의 세계적 권위자 에드 디너 교수는 지나
치게 물질 중심적인 가치관 때문에 한국인의 행복도가 낮다고 말했
습니다. 디너 교수는 2005년 130개국 13만 명을 대상으로 진행된
행복 여론조사를 분석했습니다. 그 결과, 한국인의 행복도는 5.3이
었습니다. 중간치인 5.5보다 약간 낮았습니다. 개별 항목 중 물질적
가치의 중요성을 묻는 문항에서는 7.24를 기록했습니다. 5.45를 기
록한 미국이나 6.01을 기록한 일본보다 높은 수치였습니다. 경제 규
모를 따졌을 때 훨씬 앞선 한국이 최빈국인 짐바브웨(5.77)보다 물질
에 집착하는 경향을 보였습니다.

디너 교수는 이 상태로 간다면 한국 사회가 더 잘살게 되어도 행
복도는 증가하지 않을 것이라고 말했습니다. 인간이라면 누구나 물
욕을 갖기 마련이지만, 한국인은 지나치게 물질 중심적인 가치관을
지향하고 있습니다. 디너 교수에 따르면, 급속한 경제성장의 후유증
때문입니다. 물질로 누리는 행복을 더 극대화하고 싶은 강력한 욕
구가 자리하고 있다는 말입니다.

주님은 이런 배금주의를 경고했습니다.

"한 사람이 두 주인을 섬기지 못할 것이니 혹 이를 미워하고 저를

사랑하거나 혹 이를 중히 여기고 저를 경히 여김이라. 너희가 하나님과 재물(mammon)을 겸하여 섬기지 못하느니라."(마 6:24)

배금주의는 하나님보다 돈의 신(mammon)을 섬기는 게 세상을 사는 데 더 유익하다고 보는 관점입니다. 이는 인간이 하나님을 떠나 타락한 결과입니다. "돈을 사랑함이 일만 악의 뿌리가 되나니"(딤전 6:10)라는 말씀처럼, 수많은 죄악에 빠져 멸망할 수밖에 없습니다.

그리스도인은 주님이 주시는 대로 만족하며 살아야 합니다. 바울은 "우리가 세상에 아무 것도 가지고 온 것이 없으매 또한 아무 것도 가지고 가지 못하리니 우리가 먹을 것과 입을 것이 있은즉 족한 줄로 알 것이니라"(딤전 6:7-8)라고 증거했습니다.

마음
평형수

———— 세월호 전복은 평형수가 부족한 상태에서 승객과 화물을 초과해 실었기 때문에 발생한 일이라고 합니다. 선박 평형수(Ballast Water)는 안전하고 효율적으로 선박을 운행하기 위해 채워놓는 바닷물을 말합니다.

배에 실었던 화물을 내리면, 줄어든 무게만큼 배가 물 위에 떠오르기 때문에 무게중심이 높아져서 좌우 흔들림이 증가합니다. 이대로 운행하면 자칫 전복 사고로 이어질 수 있습니다. 이를 막기 위해 내부에 물탱크를 설치하고 물을 채워서 배가 바다에 어느 정도 잠기게 합니다. 무게중심이 아래쪽에 있어야 선박 안정도가 높아지기 때문입니다. 선박 한쪽 측면에 화물이 많이 실리면 반대쪽 밸러스트 탱크에 바닷물을 충분히 채워 좌우 균형을 맞춥니다.

우리 마음에도 평형수가 있습니다. 인생에 고난과 질고가 찾아올 때 그 짐이 무거우면 우리의 심령은 불신앙과 절망과 슬픔에 가라앉게 됩니다. 마음이 흔들리게 됩니다. 믿음이 파선하게 됩니다. 그때 우리 마음 중심을 바로잡는 마음의 평형수가 있어야 합니다. 반대로 모든 일이 잘되어 풍족하면, 우리의 심령이 들떠서 세상과 육적인 것에 마음이 뺏기기도 합니다. 그때에도 마음이 흔들리지 않도록 중심을 잡아주는 마음의 평형수가 필요합니다.

　우리 마음의 평형수는 주님의 은혜입니다. 인생에 고통이 찾아올 때 모든 짐을 대신 져주시는 주님의 은혜가 있으면 우리 마음이 절망하지 않습니다. 고통을 이기게 됩니다. 모든 게 풍족하여 마음이 세상과 물질과 쾌락으로 들뜰 때도 마찬가지입니다. 주님은 주님의 은혜로 우리가 얽매이기 쉬운 모든 죄를 벗어버리게 합니다. 마음의 중심을 바로잡으십니다. 우리가 세상살이하면서 욕심 때문에 주님의 은혜를 빼버리면 우리 심령도 평형수를 빼버린 배처럼 전복하고 맙니다. 우리 마음은 항상 은혜로 채워져야 합니다.

생명 가방,
영생 가방

———— 우리나라는 전쟁의 위험에 노출되어 있습니다. 북한은 6
차 핵실험과 대륙간 탄도미사일 실험 이후 우리나라뿐 아니라 미
국 본토까지 핵 공격을 할 수 있게 되었습니다. 핵무기를 앞세워 남
한을 적화통일하고자 하는 야욕을 공개적으로 드러낸 셈입니다. 지
금까지 북한의 모든 대화 제스처는 진심이 아니었습니다. 핵무기를
개발하여 적화통일을 하고자 하는 야욕을 숨기려는 속임수에 불과
했습니다. 우리 모두 속았다는 생각을 떨쳐버릴 수 없습니다.

전쟁의 위협을 느낀 많은 사람이 생명 가방을 준비하고 있습니
다. 물과 음식, 구급약과 라디오, 칼과 방독면 같은 물품이 담긴 가
방을 통해 생명을 보존하려는 것입니다. 생명 가방을 준비하고 자
기 생명을 보존하기 위해 힘쓰는 것은 당연한 일입니다. 그러나 성
도들은 생명 가방보다 영생 가방을 준비해야 합니다. 육체의 생명
보다 더 귀한 영생을 얻는 일이 무엇보다 중요하기 때문입니다. 환
난을 겪을지라도 영생을 보존하고 영생으로 살려고 해야 합니다.

어떤 성도들은 종말의 두려움 때문에 비상식량으로 누룽지를 많
이 준비했다고 합니다. 그러나 성도들은 달라야 합니다. 평상시에
도, 비상시에도 영생으로 살기 위한 영생 가방이 필요합니다. 영생

가방에는 영생을 보존하기 위한 필수품이 들어있어야 합니다. 바로 말씀과 기도와 믿음입니다. 말씀은 영생에 필요한 양식을 줍니다. 믿음은 영생을 강건케 하도록 돕습니다. 기도는 영생으로 살도록 주님의 도움을 부릅니다.

사도행전 교회는 영생 가방이 있어서 환난과 핍박 중에서도 사도의 가르침을 받고 교제하며 떡을 떼며 기도하기에 힘썼습니다. 영생으로 승리하는 삶을 살았습니다. 우리 모두 영생 가방을 준비해야 합니다.

교감보다
영감

────── 교감이 단절된 시대입니다. 부부간에도 교감이 되지 않고, 부자간에도 교감이 되지 않습니다. 서로 마음을 주고받지 못합니다. 일상적이고 피상적인 말은 주고받으나 마음을 주고받지는 못합니다. 어떤 사람들은 식물과 교감을 나누기도 하고 동물과 교감을 나누기도 하는데 사람하고는 교감을 나누지 못합니다. 관계가 단절되었기 때문입니다. 동식물과는 관계가 이루어지지만, 사람하고는 관계가 이루어지지 않고 단절되어 교감이 되지 않습니다. 가족과 단절된 관계를 회복하고 마음을 나누고자 하나 쉽게 이루어지지 않습니다.

교감이 회복되려면 영감이 회복되어야 합니다. 영감은 하나님과 교제하며 하나님이 주시는 마음과 생각으로 채워집니다. 하나님과의 교제가 참된 교제입니다. 하나님과의 교제를 통해 심령이 영감으로 채워질 때 사람과의 교감도 회복됩니다.

하나님께서 심령을 진리와 사랑으로 다스려주실 때 하나님과 동행하는 심령이 되고, 하나님 나라의 생활을 하게 됩니다. 심령이 하나님의 진리와 사랑으로 다스림을 받고 하나님과 교제하는 자가 되어야 합니다. 그럴 때 다른 사람을 하나님의 사랑과 진리로 대하게 됩니다. 하나님이 주신 영감으로 채워진 자는 사람과 교감을 나누는 교제를 하게 됩니다.

가정에 교감이 없는 게 문제가 아닙니다. 영감이 없어서 문제입니다. 주님이 우리를 만나주셔서 우리 눈과 귀가 열려야 합니다. 주님이 하시는 말씀을 듣고, 주님의 현실을 보고 영감을 받고 사는 자가 되어야 합니다. 그럴 때 주님이 함께하시는 은혜를 통해 육신으로 사는 생활에서도, 서로 교감을 나누는 데서 그치지 않고 영감을 나누는 모습, 사랑을 나누는 생활로 나아갈 수 있습니다. 영감이 우선입니다. 교감은 나중입니다. 영감이 회복될 때 주님의 사랑으로 사는 생활이 이루어집니다.

종교용 회개와
생활용 회개

────── 회개는 자기 잘못과 죄를 인정하는 일입니다. 하나님께서 죄를 깨닫게 하실 때 그 죄를 하나님 앞에서 그대로 인정하고 고백하는 것입니다. 회개에는 종교용 회개가 있고, 생활용 회개가 있습니다. 종교용 회개는 내가 죄인이 아니라고 할 수 없으나 실제로는 자기 죄가 무엇인지 깨닫지 못해서, 스스로 의인이라고 할 수 없어서 죄인이라고 고백하는 일입니다.

사람들은 자기 죄를 깨닫더라도, 내어놓기 부끄러운 것은 숨기고 그렇지 않은 것을 내어놓는 모습을 보입니다. 이는 곧 종교용 회개이며, 배후에는 마귀의 역사가 있습니다. 마귀는 죄를 걸러서 회개하게 합니다. 아예 죄를 숨겨서 회개하지 못하게 만들기도 합니다. 그러나 생활용 회개는 다릅니다. 생활용 회개는 매일 성령의 역사로 깨달은 자기 허물과 죄를 솔직하게 회개하고 그 죄를 버리는 것입니다.

땅콩 리턴 사건은 대한항공 부사장이 땅콩을 봉지째 가져다준 서비스에 불만을 품어 사주의 권한으로 게이트에서 출발하던 비행기를 다시 계류장으로 돌려 비행기 사무장을 내리게 한 사건입니다. 어찌 보면 작은 사건이었는데 일이 커진 이유는 사건 자체보다 사건을 처리하는 과정에 있었습니다. 부사장이 정직하게 자신이 잘못했다고 고백하고 용서를 빌었다면 이렇게 되지 않았을 것입니다. 잘못을 숨기고 오히려 사무장이 잘못했다고 뒤집어씌우려 해서 일이 커졌습니다. 대한항공은 큰 손실을 보았고, 나라는 나라대로 명예가 실추되었습니다.

자기 잘못을 정직하게 인정하는 생활용 회개는 성령의 역사로 하는 회개입니다. 성령께서 보여주신 죄를 회개하는 일입니다. 생활용 회개는 하나님과 관계를 회복하는 길이며, 하나님의 구원 은총을 받는 길이며, 하나님 나라로 사는 길이며, 주님이 모든 것을 다스려 주시는 은혜를 받고 사는 길입니다.

가불
근심

———— 과거에는 이번 달 봉급만으로 생활하기 어려우면 다음 달 봉급을 가불하여 생활했습니다. 끝까지 참고 견디며 가불하지 않는 사람들도 있지만, 아주 쉽게 일상적으로 가불해서 생활하는 사람도 많았습니다. 일단 가불하기 시작하면 그 돈을 갚기가 쉽지 않아, 한 번 가불하기 시작한 사람은 계속 가불할 수밖에 없었습니다. 늘 쪼들리며 살 수밖에 없게 됩니다. 매달 가불하게 되면 가불 인생이 되고 맙니다.

사람은 돈뿐만 아니라 근심도 가불해서 씁니다. 가불 근심은 지나간 일이 아닌, 앞으로 일어난 일들을 걱정하는 것입니다. 이럴 때는 앞으로 일어날 일이 아니라 일어나지 않을 일을 미리 당겨서 염려하는 경우가 대부분입니다. 하는 일이 잘못되지는 않을까? 더 힘들어지면 어떡하나? 근심하게 됩니다. 가불 근심은 앞날을 준비하지 않고 염려하게 합니다.

하나님의 자녀들이 가불 근심을 하는 이유는 무엇입니까? 받은 은혜를 잊어버리고, 주님과 함께 살지 못하기 때문입니다. 부모와 함께 사는 자식은 부모가 모든 필요를 채워주기에 근심하지 않습니다. 자식이 가출해서 부모를 떠나 산다면, 자기 힘으로 모든 것을 해결하고 살아야 합니다. 근심할 수밖에 없습니다. 마찬가지로, 하나님의 자녀가 은혜를 잊어버리고 주님을 멀리 떠나면 자기 힘으로 살아야 합니다. 근심할 수밖에 없습니다.

사도 베드로는 "너희 염려를 다 주께 맡기라. 이는 그가 너희를 돌보심이라"(벧전 5:7)이라고 했습니다. 믿음으로 주님과 함께 사는 자는 염려가 주님 몫이라는 사실을 압니다. 그래서 염려하지 않고, 염려를 주님께 맡겨버립니다. 주님께서 돌봐주시는 은혜를 받고 삽니다. 믿음으로 사는 자에게 가불 근심은 없습니다.

인간관계의
네 가지 유형

────── 산다는 것은 관계를 맺는다는 것입니다. 가정생활도 관계이고 직장 생활도 관계입니다. 사람은 사회에서 많은 관계를 맺고 삽니다. 아름다운 관계를 맺고 행복한 삶을 살기도 하지만 아름다운 관계를 맺지 못해 고통당하기도 합니다. 모든 관계는 목적에 따라 용무 관계, 금전 관계, 인격 관계, 영적 관계로 나눠볼 수 있습니다.

용무 관계는 일 때문에 만나는 관계입니다. 직장이나 사회에서 이루어지는 관계는 대부분 용무 관계입니다. 금전 관계는 단순히 돈으로 맺어진 관계입니다. 인격 관계는 교육과 훈련을 통해 형성된 고귀한 인격으로 사람들과 관계를 맺고 사는 것을 말합니다. 오늘날 많은 사람이 인격 관계보다는 금전 관계, 용무 관계로 살아갑니다. 여기서 많은 아픔이 발생합니다.

영적 관계는 믿음으로 하나님과 거룩한 교제를 나누고 그 거룩함과 사랑으로 관계를 맺고 사는 것입니다. 영적 관계를 지향하는 사람은 하나님께 받은 사랑과 긍휼로 관계를 맺습니다. 형제의 연약함을 불쌍히 여겨 용서와 온유와 인자로 상대방을 대하기 위해 기도합니다. 주님 안에서 화평으로 관계를 맺고 삽니다.

사도 바울은 "그러므로 너희는 하나님이 택하사 거룩하고 사랑 받는 자처럼 긍휼과 자비와 겸손과 온유와 오래 참음을 옷 입고 누가 누구에게 불만이 있거든 서로 용납하여 피차 용서하되 주께서 너희를 용서하신 것 같이 너희도 그리하고 이 모든 것 위에 사랑을 더하라. 이는 온전하게 매는 띠니라"(골 3:12-14)라고 했습니다. 성도들이 영적 관계를 맺으며 살려면, 먼저 주님과 영적 교통을 나누어야 합니다. 주님과의 영적 교통을 통해 주님을 닮고, 주님의 마음을 갖고 주님의 인격으로 변화되기 위해 힘을 다해야 합니다.

롯의 아내
증후군

───── 증후군은 여러 원인으로 나타나는 병적 증상입니다. '롯의 아내 증후군'(Lot's wife Syndrome)은 여러 요인에 의해 뒤를 돌아보게 되어 망하는 것을 말합니다. 하나님께서 소돔과 고모라를 유황과 불로 심판하실 때 롯의 아내는 뒤를 돌아보아 소금 기둥이 되어 죽었습니다. 롯의 아내뿐 아니라, 우리 모두가 뒤돌아보는 자입니다. 뒤돌아볼 때 과거의 아름다운 기억만을 돌아보는 자도 있겠으나, 대부분 과거의 아픔과 실패를 돌아봅니다.

과거를 돌아보는 자는 현재를 과거로 삽니다. 과거의 아픔을 돌아보는 자는 현재를 아픔으로 삽니다. 과거의 상처를 현재의 아픔처럼 느끼며 괴로워하게 됩니다. 과거의 슬픔을 돌아보는 자는 오늘을 슬프게 지냅니다. 과거의 실패를 뒤돌아보는 자는 한탄과 괴로움으로 오늘을 채웁니다. 때로는 방황하기도 하고, 분노를 표출하기도 하고, 자포자기하며 살게 됩니다. 과거의 아픔과 고통은 스스로 자신의 인격을 파괴하도록 몰고 가기도 합니다.

과거에서 벗어나기란 쉽지 않습니다. 힘쓰고 애써도 어렵습니다. 그러나 하나님께서 과거의 아픔과 고통에서 벗어날 길을 열어 주셨습니다. 예수 그리스도를 믿음으로 죄 사함을 받고 구원받는 것입니다. 구원받으면 지난날 지은 모든 죄가 사해집니다. 그뿐 아니라 감정의 상처가 치유되고, 과거의 고통에서 해방되고, 비뚤어진 인격이 고쳐집니다. 새로운 마음을 갖게 되어, 과거의 아픔과 슬픔과 고통의 줄이 끊어집니다. 과거에 매여 고통 가운데 살던 자가 하나님의 사랑에 매여 오늘을 기쁨으로 살게 됩니다. 천국의 영원한 소망을 따라 살게 됩니다.

망령된 행실을
구속하려면

──── 망령된 행실은 정신이 이상해져서 잘못된 말이나 행동을 하는 것을 말합니다. 정신에 문제가 없어도 망령된 행실이 나타납니다. 맡겨진 일도 잘하고 장사도 잘하는데, 자기 입술 하나를 다스리지 못해 원치 않는 말을 하여 상처와 아픔을 줍니다. 망령된 행실입니다. 어떻게 자식을 길러야 할지 몰라 자식을 망칩니다. 망령된 행실입니다. 부부 관계나 가정생활에서도 어떻게 할지 몰라 자기 가정을 스스로 깨는 일이 일어납니다. 망령된 행실입니다.

이런 현상은 인류 역사상 계속되었고, 점점 심해지고 있습니다. 시대를 분별할 줄 안다면 1960년대 윤리적 타락이 다르고, 1970년대 윤리적 타락이 다르며, 1990년대 윤리적 타락이 다르다는 사실을 압니다. 인간은 "조상의 대를 이어 일어난 죄인의 무리"(민 32:14)이기 때문입니다. 담배도 끊기 힘듭니다. 하물며 음란한 죄가 끊어지겠습니까? 주색잡기에 끌려다니며 "한 번만, 마지막으로"라고 말해도 끊을 수 없습니다. 죄는 끊고 싶어도 끊을 수 없습니다. 육신과 인격에 진리의 뿌리가 없기에 끌려다니고 맙니다. 이것이 바로 죄인의 저주입니다.

복된 삶을 살려면 망령된 행실에서 구속받아야 합니다. 나를 망

하게 하고 내 가정을 망하게 하는 망령된 행실에서 구속받아야 합
니다. 결심으로는 되지 않습니다. 힘으로도 되지 않습니다. 눈물로
도 되지 않습니다. 열심으로도 되지 않습니다. 개가 열심히 두 발로
다녀도 사람이 되지 않듯이, 힘쓰고 애써도 죄에 빠집니다. 망령된
행실에서 구속받아야 합니다. 베드로는 "너희가 알거니와 너희 조
상이 물려 준 헛된 행실에서 대속함을 받은 것은 은이나 금 같이 없
어질 것으로 된 것이 아니요 오직 흠 없고 점 없는 어린 양 같은 그
리스도의 보배로운 피로 된 것이니라"(벧전 1:18-19)라고 했습니다.

현대에 일어나는
마귀의 역사

──────   마귀의 역사는 하나님을 떠나게 합니다. 현대에 일어나는 마귀의 역사는 옛날과 다릅니다. 옛날에는 마귀가 사람의 영과 육체를 직접 공격해 고통당하게 했습니다. 사람들은 그 고통을 해결하기 위해 미신에 빠져 하나님을 떠났습니다. 현대에는 마귀가 사람의 영과 육체를 직접 공격하지 않습니다. 마음과 육체에 고통을 주어도 현대 과학과 의술로 해결할 수 있기 때문입니다. 이제는 보이지 않게 사람들을 공격하여 불신앙에 떨어지게 합니다.

현대에는 마귀가 자기 생각으로 살도록 사람들을 미혹하는 방식으로 역사하고 있습니다. 현대에는 지식이 발달하여 모든 사람이 자기 지식을 통해 이루어진 자기 생각으로 삽니다. 육신 생활은 자기 생각으로 살 수 있으나, 영적 생활은 자기 생각으로 살 수 없습니다. 하나님의 말씀으로 살아야 합니다. 하나님의 말씀으로 천국을 사는 것이 믿음 생활입니다. 마귀는 사람들이 진리가 아닌 자기 생각으로 살도록 미혹하여 하나님 말씀을 따르지 못하게 합니다.

마귀는 자기 생각으로 사는 사람들이 세상에 매이도록 미혹합니다. 돈을 사랑하고, 육체를 사랑하고, 명예를 사랑하고, 칭찬을 사랑하게 합니다. 성도들은 말씀에 매이지 못하고 세상에 매이게 됩니다. 마귀의 역사로 세상에 매인 자는 주님의 말씀을 따르지 못합니다. 따르고자 하는 마음이 있어도 한 걸음도 떼지 못합니다.

또한 마귀는 세상에 매인 자들 마음이 미움과 시기와 질투와 분노와 모든 악으로 채워지도록 역사하여 주님과 함께 살지 못하게 합니다. 오늘날 수많은 성도가 마귀의 역사로 불신앙 가운데 떨어지고 불순종으로 삽니다. 심령이 회복되고 믿음이 회복되어 주님과 함께 사는 생활이 되어야 합니다.

가정 문제
해결하는 법

———— 많은 사람이 가정 문제를 해결하려고 부부 관계와 자녀 교육에 관한 책을 읽거나 관련 세미나를 다니지만 쉬이 해결하지 못합니다. 지식만으로 가정 문제를 해결할 수 없기 때문입니다. 만일 지식이 모든 가정 문제를 해결하는 문을 열어주는 황금 열쇠라면, 지금처럼 문제를 호소하는 가정이 많지는 않을 것입니다. 오늘날 인류는 어느 시대보다 많은 지식을 소유하고 있기 때문입니다. 지식의 진보는 가정 문제를 해결하는 데 그다지 힘이 되지 않습니다. 어떤 경우에는 문제를 더 복잡하게 만들거나, 더 많은 문제를 일으킵니다.

수많은 가정 세미나에서 문제가 무엇인지 진단합니다. 진단은 하는데 문제가 치료되지는 않습니다. 부모, 자식 모두 자신이 문제라고 깨닫지만 고치지 못합니다. 세미나를 듣고 얼마 동안은 변화하는 것처럼 보이다가도 다시 예전으로 돌아가고 맙니다. 유명한 정신의학과 의사에게 상담받아도 해결하기가 쉽지 않은 것은 문제 진단만으로는 치료되지 않기 때문입니다. 몸에 어떤 병이 있는지 알아도 고치지 못하면 평생 고통 가운데 삽니다. 가정 문제도 알기는 알아도 고쳐지지 않아서 평생 서로 아픔을 주며 고통을 겪습니다.

치료는 십자가를 통해 이루어집니다. 주님께서 흘려주신 보혈의 공로를 의지하여 죄 사함을 받을 때 심령이 변화되는데, 마음과 인격이 바뀌고 생활도 바뀝니다. 주님과 함께 사는 심령으로 변화됩니다. 사도 바울은 "누구든지 그리스도 안에 있으면 새로운 피조물이라. 이전 것은 지나갔으니 보라 새 것이 되었도다"(고후 5:17)라고 했습니다. 죄인의 인격이 깨지고 주님의 인격으로 변화되어 살 때 하나님의 사랑으로 사랑할 수 있습니다. 하나님의 사랑으로 사랑하게 될 때 문제가 해결되고 가정이 변화됩니다.

살기 위한
몸부림

────── 생명을 가진 모든 존재는 살려고 몸부림친다고 봐도 과언
이 아닙니다. 사람도 살려고 몸부림칩니다. 많은 사람이 살기 위해
새벽부터 밤늦게까지 일합니다. 학생들도 늦게까지 공부하는데, 살
기 위해서 하는 행동입니다. 장사하고 사업하는 사람들이 맡은 일
에 힘을 다하는 이유도 살기 위해서입니다. 정치인들도 다 자기가
살기 위해서 힘씁니다.

모든 사람은 살려고 몸부림치며 일합니다. 그런데 몸부림쳐도 살
아지지 않습니다. 살기 위해 몸부림쳐도 망하는 일이 허다합니다.
되는 일이 없습니다. 그래도 살아야 하니 거짓말하고 사기 치며 도
둑질하는 일이 생깁니다. 자기가 살려고 남을 해치는 것입니다. 이
것이 인생의 저주가 아니겠습니까?

믿음의 사람들은 살기 위해서 몸부림치지 않습니다. 죽기 위해서
몸부림치는 사람들입니다. 죽기 위해서 몸부림치는 사람이 있을지
쉽게 이해되지 않을 것입니다. 죽기 위해서 몸부림친다는 말이 자
살하고자 힘쓴다는 의미로 다가올지도 모릅니다. 죽기 위해서 몸부
림친다는 것은 욕심과 정욕으로 살지 않으려고 몸부림친다는 말입
니다. 인생의 모든 문제는 정욕과 욕심이 죽지 않아서 발생합니다.

부끄러움을 아는 교회

자신의 욕심과 정욕이 죽으면 하나님께 가까이 갈 수 있고, 하나님으로 살게 됩니다. 주님 뜻을 보고 그 뜻으로 살게 됩니다.

사도 바울은 "그리스도 예수의 사람들은 육체와 함께 그 정욕과 탐심을 십자가에 못 박았느니라"(갈 5:24)라고 했습니다. "나는 날마다 죽노라"(고전 15:31)라고 고백했습니다. 이는 죽지 못한 괴로움에 대한 고백이 아닙니다. 자신이 날마다 십자가에 못 박혀 죽은 것을 확인하며 주님으로 산다는 고백입니다. 내가 죽을 때 하나님으로 살게 될 것입니다. 세상이 하나님의 은혜로 살아지는 역사도 나타날 것입니다.

감정의
선

──── 모든 사람은 감정의 선으로 연결되어 있습니다. 특히 부모는 자식과 감정의 선이 연결되어 있어서, 부모가 누구를 미워하면 자식은 직접적인 관계가 없더라도 그 사람을 미워합니다. 반대로 부모가 누구를 좋아하면 자식도 그 사람에게 좋은 감정을 품습니다.

부모와 자식은 감정의 선이 연결되어 있어서, 자식이 부모의 감정에서 벗어나 행동하기란 쉬운 일이 아닙니다. 이렇게 감정의 선은 집단으로 연결되어 있습니다. 한 집단에 속한 사람들은 대체로 어떤 대상을 볼 때 비슷한 감정을 품습니다. 우리나라 사람들이 일본을 보고 느끼는 감정은 거의 비슷합니다. 그 감정은 대대로 이어집니다.

믿음의 사람은 감정의 선에 연결된 채로 사는 사람들과 다릅니다. 공의로운 판단으로 삽니다. 예수님은 "외모로 판단하지 말고 공의롭게 판단하라"(요 7:24)라고 말씀하셨습니다. 자신의 주관적 뜻이나 감정, 자신의 기준에 따라 판단하지 말라는 말입니다. 하나님이 기뻐하시는 뜻, 하나님의 진리에 기준을 맞춰서 판단하라는 말입니다.

부끄러움을 아는 교회

요나단은 아버지인 사울 왕을 볼 때 감정의 선을 따르지 않았습니다. 공의롭게 판단했습니다. 사울 왕은 다윗이 죽고 아들 요나단이 대를 이어 왕이 되기를 바랐습니다. 그러나 요나단은 달랐습니다. 아버지를 따라서 다윗을 미워하지 않았습니다. 다윗을 정적으로 생각하지 않았고, 죽이려 하지 않았습니다.

요나단은 다윗에게 "너는 이스라엘 왕이 되고 나는 네 다음이 될 것을 내 아버지 사울도 안다"(삼상 23:17)라고 말하며, 다윗이 사울의 손아귀에서 피할 수 있는 길을 열어 주었습니다. 요나단은 아버지와 자신이 죽고 다윗이 왕이 되리라는 사실을 알게 되고서도 끝까지 다윗을 사랑했습니다. 요나단은 끝까지 공의로운 판단을 따라 살았습니다. 감정의 선을 뛰어넘어 진리의 판단을 따라 사는 게 참된 믿음 생활입니다.

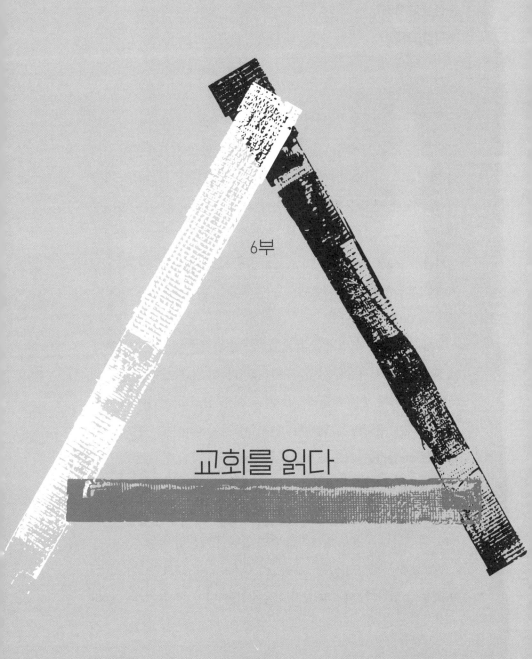

6부

교회를 읽다

수평성 교제와
수직성 교제

───── 교회 교제에는 수직성과 수평성이 있습니다. 수평성 교제
는 영성을 좇아 하나님과 사랑을 나누는 것입니다. 하나님께 사랑
과 귀여움과 인정을 받습니다. 하나님과 교제하며 삽니다. 수평성
교제는 형제간 사랑을 주고받는 것입니다. 사회성을 좇아 사람에게
사랑과 인정과 귀여움을 받고 싶어 합니다. 사랑을 받고자 하는 사
회성은 모든 사람에게 있습니다. 나이트클럽에 가는 이유도 사랑받
기 위해서 아니겠습니까?

교회는 수직성이 먼저입니다. 교회가 수직성과 영성을 강조한다
고 해서, 형제간 사랑을 금하지는 않습니다. 더 깊은 사랑을 하게 됩
니다. 하나님께 받은 긍휼과 사랑으로 서로 불쌍히 여기며 용서하
고 사랑하게 됩니다. 교회에서 하나님과 사랑을 나누는 수직성 없
이 서로 사랑하는 것은 올바르지 않습니다. 하나님과 교제하지 않
고 서로 교제한다면 육신적인 것입니다. 하나님 없이 서로 칭찬하
고 인정한다면 잘못된 것입니다. 사람에게 사랑받고 인정받는다고
해도, 하나님의 사랑과 인정이 없으면 헛되기 때문입니다.

수평성과 사회성만 있는 교회는 하나님이 없는 교회입니다. 믿음
이 죽을 것입니다. 서로 비교하고 무시하는 일이 발생합니다. 교회

는 수직성을 통해 수평성이 이루어져야 합니다. 영성을 통해 사회성이 이루어져야 합니다. 사도 요한은 "사랑은 여기 있으니 우리가 하나님을 사랑한 것이 아니요 하나님이 우리를 사랑하사 우리 죄를 속하기 위하여 화목 제물로 그 아들을 보내셨음이라. 사랑하는 자들아 하나님이 이같이 우리를 사랑하셨은즉 우리도 서로 사랑하는 것이 마땅하도다"(요일 4:10-11)라고 했습니다.

말씀이 심령을
찌를 때

────── 몸에 암이 생기면 그때부터 부담이 커집니다. 치료에 대한 부담, 치료비에 대한 부담, 가정에 대한 부담, 죽음에 대한 부담입니다. 부담이 없다면 일반적인 사람이 아닙니다. 학생에게도 성적과 상급 학교 진학에 대한 부담이 있습니다. 직장인에게도 승진에 대한 부담이 있습니다. 구멍가게 사장도 하루 수입에 대한 부담이 있습니다. 이렇듯 우리를 힘들게 하는 부담을 벗어버리고자 한다면, 이 세상을 놀고 즐기면서 살겠다고 하는 마음가짐과 다르지 않습니다. 철들지 않은 사람이 분명합니다.

영적 생활도 부담이 있습니다. 기도, 전도, 헌신 등 믿음 생활에 대한 영적 부담입니다. 그중 말씀을 들을 때 말씀에 대한 부담이 생깁니다. 말씀 자체에 대한 부담이 아닙니다. 말씀대로 살지 못하는 내 심령의 죄와 생활에 대한 부담이 생깁니다. 회개하고 죄를 씻어야 한다는 강력한 부담이 생깁니다.

베드로가 말씀을 전하자, 말씀에 마음이 찔린 유대인들에게 영적 부담이 생겼습니다. 그들은 "우리가 어찌할꼬"(행 2:37)라고 부르짖었습니다. 베드로는 "너희가 회개하여 각각 예수 그리스도의 이름으로 세례를 받고 죄 사함을 받으라"(행 2:38)라고 했습니다. 말씀을

부끄러움을 아는 교회

들었을 때 생긴 회개에 대한 영적 부담이 구원에 이르게 했습니다.

　스데반의 설교를 듣던 유대인들도 마음이 찔렸으나 스데반을 향해 이를 갈았습니다. 말씀에 대한 강력한 반작용이 일어나 회개를 거부하고 스데반을 죽였습니다. 말씀이 심령을 찌를 때, 구원받을 사람들은 회개하고 예수님을 믿었습니다. 그러나 구원받지 못할 사람들은 회개하지 않고 이를 갈며 분노했습니다. 말씀이 회개하라고 부담을 줄 때 거부하지 말아야 합니다. 회개하고 구원받아야 합니다. 말씀에 대한 부담도 없고, 말씀이 심령에 작용하지도 않으면 주님과 상관없이 사는 자입니다.

새
마음

──── 진정으로 새해를 맞으려면 내가 새로워져야 합니다. 내가 새로워진다는 말은 내 마음이 새로워진다는 뜻입니다. 마음이 새로워지면 모든 것이 새로워집니다. 늘 새날입니다. 마음이 새로워지지 않으면 새날이 밝아도 새날이 아닙니다. 진정으로 새해를 맞았다고 말할 수 없습니다. 어제나 오늘이 늘 같을 것입니다. 새 마음이면 새해를 맞이할 필요가 없습니다. 망년회를 할 필요도 없습니다. 늘 새날이기 때문입니다.

새 마음을 가지려면 마음을 청소해야 합니다. 집안 청소보다 마음 청소가 더 급합니다. 마음은 부패한 것으로 가득 찬 쓰레기통 같기 때문입니다. 예레미야 예언자는 "만물보다 거짓되고 심히 부패한 것은 마음이라"(렘 17:9)라고 했습니다. 이런 마음에 주님이 계신다면 그야말로 어불성설입니다. 있을 수 없는 일입니다. 쓰레기통 같은 집에 누가 들어오고 싶어 하겠습니까? 하물며 거룩하신 하나님께서 쓰레기통 같은 마음에 들어와 계실 수 있겠습니까?

마음 청소를 하려면 마음을 말씀에 비추어야 합니다. 마음을 볼 수 있는 것은 하나님의 말씀밖에 없습니다. 말씀을 보지 않으면 스스로 자기 마음과 생각을 아름답게 여깁니다. 말씀을 보는 자는 자기 마음이 온전하지 못할 뿐 아니라 죄악으로 더러워진 현실을 보게 됩니다. 주님께 마음을 정결케 해달라고 간구하고 회개하게 됩니다.

주님은 회개한 자의 마음을 씻어주십니다. 정결케 해주십니다. 마음이 새로워지면 모든 것이 새로워집니다. 사도 바울은 "그런즉 누구든지 그리스도 안에 있으면 새로운 피조물이라. 이전 것은 지나갔으니 보라 새 것이 되었도다"(고후 5:17)라고 했습니다. 새 마음이면 주님 안에 거하여 구하는 것은 무엇이든지 받고 살게 되니 날마다 새날, 새해일 것입니다(요 15:7).

영의 양식인
말씀

──── 필요를 느끼며 사는 것이 인생입니다. 예수 믿고 거듭나기 전에는 육체의 필요를 따라 삽니다. 음식을 구하고 돈을 구하고 일을 구하고 집을 구하고 삽니다. 예수 믿고 거듭난 후에는 필요가 바뀌는데, 육체의 필요보다 영적인 필요를 더 느끼며 살게 됩니다. 영적인 필요는 말씀입니다. 말씀이 부족하다고, 말씀이 필요하다고 느끼게 됩니다. 이단에 속한 자들을 만나도 말씀이 부족하다고 깨닫지 않습니까? 거듭나서 성령을 받으면 더욱더 말씀 부족을 깨닫습니다. 내게 말씀이 필요하다는 사실을 깨달아 말씀을 구하고, 읽고, 묵상하게 됩니다.

말씀의 필요성을 느끼는 것은 말씀이 영적 생활의 양식이기 때문입니다. 생명을 보존하려면 양식을 구해야 합니다. 산 자는 살기 위해 양식을 구합니다. 죽은 자는 양식을 구하지 못합니다. 죽어가는 자도 양식을 구하지 못합니다. 살기 위해서 먹어야 한다는 사실을 알아도 먹지 못합니다.

거듭난 자, 곧 영생을 얻은 자는 영의 양식인 말씀이 먹고 싶어 합니다. 영적 식욕이 생깁니다. 말씀을 사모하고 말씀을 먹기 위해 힘을 다합니다. 말씀이 당기지 않는다면, 먹고 싶지 않다면, 영적 생명이 병들었거나 죽어가고 있다고 봐도 틀리지 않습니다. 말씀을 안 먹고 산 지가 오래됐다면, 영적 생활은 죽은 것입니다.

영의 양식인 말씀을 구하되 순전한 말씀을 구해야 합니다. 오염된 말씀을 먹으면 안 됩니다. 갓난아이가 깨끗한 젖을 사모하면서 먹고 강해져서 잘 자라듯이, 순도 100%인 말씀을 구하고 먹을 때 영이 강해지고 거룩한 생활을 하게 됩니다. 신령한 집으로 세워집니다. 그래서 사도 베드로는 "갓난 아기들 같이 순전하고 신령한 젖을 사모하라. 이는 그로 말미암아 너희로 구원에 이르도록 자라게 하려 함이라"(벧전 2:2)라고 했습니다.

사람을
어떻게 보는가

──── 사람을 보는 방법은 여러 가지입니다. 그 사람이 가진 것을 통해 볼 수 있습니다. 그렇게 보면, 많은 돈을 가진 사람은 부자로 보입니다. 잘생긴 외모를 가진 사람은 얼짱으로 보입니다. 많은 지식을 가진 사람은 지식인으로 보입니다. 많은 권세를 가진 사람은 권세가로 보입니다. 가진 게 없는 사람은 가난뱅이, 못생긴 자, 힘없는 자로 보입니다. 외적 모습을 통해 보는 셈입니다. 껍데기를 통해 보면, 그 사람의 속은 보이지 않습니다.

하나님은 가진 것을 통해 그 사람을 보지 않습니다. 하나님은 중심을 보십니다. 외모보다 심령을 보십니다. 그래서 사무엘에게 "그의 용모와 키를 보지 말라 내가 이미 그를 버렸노라. 내가 보는 것은 사람과 같지 아니하니 사람은 외모를 보거니와 나 여호와는 중심을 보느니라"(삼상 16:7)라고 말씀하셨습니다. 하나님은 겉모습을 보시지 않습니다. 사람의 영혼을 보시고 마음을 보십니다.

그러므로 주님과 함께 사는 믿음이 있으면, 가진 것을 통해 사람을 평가하지 않습니다. 무엇을 가졌느냐에 따라 사람을 차별하지 않습니다. 주님과 마찬가지로 중심을 봅니다. 영혼의 모습을 봅니다. 구원받고 거룩한 영으로 살고 있는지를 봅니다. 주님처럼 그 사

부끄러움을 아는 교회

람을 보고 사랑하고 귀히 여길 것입니다. 만일 그가 구원받지 못한 사람이라면, 주님의 마음으로 긍휼히 여기며 사랑해주고 구원을 위해 기도할 것입니다.

마음 밭을 지키시는
하나님

───── 우리 마음에 분노하는 마음, 짜증 나는 마음, 원망하는 마음, 불평하는 마음, 악한 마음, 음란한 마음, 좌절하는 마음, 절망하는 마음, 괴로운 마음, 아픈 마음이 있다면 어떻겠습니까? 그 마음이 우리를 괴롭게 하여 가정생활을 제대로 못 할 것입니다. 그뿐 아니라 사회생활과 신앙생활도 제대로 못 합니다.

이렇듯 마음 지키는 일이 가장 중요하기에 지혜자는 "모든 지킬 만한 것 중에 더욱 네 마음을 지키라. 생명의 근원이 이에서 남이니라"(잠 4:23)라고 했습니다. 마음 지키기는 자기 생각과 결심과 수련으로 되지 않습니다. 우리 마음의 주인은 우리가 아닌 하나님이시기 때문입니다(시 33:15). 마음을 지으신 하나님께서 우리 마음을 지켜주시는 은혜를 받아야 합니다.

하나님은 농부처럼 우리 마음 밭을 지켜주십니다. 농부는 밭에 씨를 뿌리고 곡식이 잘 자라서 좋은 열매를 맺게 하려고 자주 밭에 갈 뿐 아니라 밭에서 살다시피 합니다. 밭에 가서 잡초를 제거하고 거름을 주고 곡식이 잘 자라도록 돌봅니다. 만일 농부가 밭에 자주 가지 않으면 곡식이 자라지 못해 밭이 망가지고 맙니다. 좋은 밭이라 해도 잡초와 잡목이 자라나 황폐해집니다. 마음 밭도 마찬가지입니다. 방치하면 세상에서 옛사람의 정욕인 잡초와 악한 잡목이 들어와 뿌리를 내리고 마음이 파괴됩니다. 영적 생명이 질식되고 생명력을 잃어버리게 됩니다. 영생이 있을지라도 주님으로 살지 못합니다.

농부가 밭에 가서 곡식이 잘 자라도록 돌보듯이, 하나님은 우리가 영생으로 살도록 우리 마음 밭을 지켜주시고 돌보십니다. 마음을 지키시되 말씀으로 우리 마음을 지켜주십니다. 말씀으로 우리 마음을 깨끗하게 하십니다. 우리는 말씀을 거부하거나 버려서는 안 됩니다. 말씀을 마음에 받아들여 하나님께서 우리가 영생으로 살도록 마음을 깨끗하게 하시고 지켜주시는 은혜를 받아야 합니다.

나름대로
신앙생활

────── 군대에 들어가면 군대의 질서와 규율을 잘 익혀서 생활해야 합니다. 그래야 군대 생활을 잘할 수 있습니다. 회사에 취직하면 회사의 목표를 파악하고, 질서를 따라 직장 생활을 해야 합니다. 그래야 직장 생활이 즐겁습니다. 어느 공동체든 자기 나름대로 생활했다가는, 열심히 하더라도 인정받지 못하고 고통만 당할 것입니다.

어떤 분은 교회에서 자기 나름대로 신앙생활을 합니다. 자기 스스로 신앙생활의 기준을 만들고 거기에 안주하는 사람입니다. 자기가 만들어놓은 신앙생활 스타일을 고집합니다. 예를 들면 주일성수, 십일조, 봉사만 하면 된다는 자기 기준을 만들어 따릅니다. 자기 기준대로 신앙생활을 하면서 스스로 믿음이 좋다고 생각하기도 합니다. 이는 육으로도 얼마든지 할 수 있습니다. 하나님 뜻과는 상관이 없습니다.

주님이 기뻐하시는 신앙생활은 나름대로 사는 믿음 생활이 아닙니다. 말씀대로 사는 생활입니다. 어느 분이 "말씀대로 살려고 하는데 되지 않습니다"라는 문자메시지를 보내왔습니다. 저는 "말씀대로 사는 생활은 육으로 하는 것이 아니라 성령으로 하는 것입니다"라고 답장을 보냈습니다. 말씀대로 사는 생활은 오직 성령으로 할

수 있습니다. 주님은 "진리의 성령이 오시면 그가 너희를 모든 진리
가운데로 인도하시리니 그가 스스로 말하지 않고 오직 들은 것을
말하며 장래 일을 너희에게 알리시리라"(요 16:13)라고 말씀하셨습니
다. 진리의 성령께서 진리를 알게 하시고 진리대로 행하게 하신다
는 말입니다.

　나름대로 신앙생활하는 자는 불쌍한 사람입니다. 스스로 만족할
지라도 기쁨도 없고 열매도 없습니다. 말씀대로 신앙생활하는 자는
복 받은 사람입니다. 기쁨과 열매가 충만합니다. 성령을 받고 말씀
대로 사는 신앙생활을 해야 합니다.

'나'를 보는
두 개의 눈

———— 하나의 눈으로는 물체의 크기를 측정할 수 있으나 거리를 측정할 수 없습니다. 두 눈이 있어야 크기뿐 아니라 거리를 측정할 수 있습니다. 영적인 눈도 두 개가 있어야 합니다. 하나는 하나님을 보는 눈이요, 다른 하나는 자기 자신을 보는 눈입니다. 이 두 개의 눈이 없으면 하나님과 나의 거리를 측정할 수 없습니다.

먼저 하나님을 보는 눈이 있어야 합니다. 하나님을 본다는 것은 하나님의 형상을 본다는 말이 아니라 하나님의 뜻을 본다는 말입니다. 지금 여기서 나를 향한 하나님의 뜻을 보는 것입니다. 지금 여기서 교회를 향한 하나님의 뜻을 보는 것입니다. 그리고 하나님을 본다는 것은 하나님의 거룩하심과 영광을 본다는 말입니다.

또한 자신을 보는 눈이 있어야 합니다. 세상 누구도 자기 자신을 보지 못합니다. 구원받은 자도 자신을 보기가 쉽지 않습니다. 자신을 보는 것처럼 힘든 일도 없습니다. 자신을 본다는 것은 하나님 앞에서 지금 자기 생각이 어떤지를 본다는 말입니다. 하나님 앞에서 지금 내 마음이 어떤지를 보는 것입니다. 하나님 앞에서 지금 내 입의 말이 어떤지를 보는 것입니다. 하나님 앞에서 지금 내가 행하는 것이 어떤지를 보는 것입니다. 하나님 앞에서 지금 내가 품고 있는

부끄러움을 아는 교회

것이 무엇인지를 보는 것입니다.

　하나님의 눈으로 자신을 보지 못하면 자기 생각을 절대화하고 우상화합니다. 자기를 부인하지 못하고 자기를 낮추지 못하니 결국 자기 생각과 고집으로 자기를 죽입니다. 자기 교만으로 자기를 죽이고, 자기 무지로 자기를 죽이며, 자기 죄로 자기를 죽입니다. 하나님을 보는 눈과 자신을 보는 눈이 열릴 때 하나님과 자신의 거리를 측정할 수 있고, 하나님께 더 가까이 가게 됩니다. 이 두 눈이 열려야 믿음으로 거룩하게 하나님과 동행할 수 있습니다.

나의 필요를
누구에게

───── 어려운 일을 당할 때 나의 필요를 사람에게 말하고 있습니까, 하나님께 말하고 있습니까? 어려운 일을 당할 때 나의 문제를 하나님께 가지고 갑니까, 사람에게 가지고 갑니까? 어떤 사람은 어려운 일을 당할 때 친구나 가까운 사람을 찾아가서 자기 문제를 다 얘기합니다. 말하는 것이 잘못은 아닙니다. 말하지 않는 것보다 말하는 것이 좋습니다. 그러나 사람에게 말하면 사람의 위로를 받을 뿐입니다.

사람의 위로를 받는 자는 사람의 위로로 만족하고 맙니다. 사람의 위로를 받았기 때문에 주님께 말하지 않습니다. 얘기하고 싶은 마음이 사라져서 내 문제를 주님께 간구하지 못하고 주님의 위로를 받지 못합니다. 어려운 일을 당할 때 나의 문제를 주님께 말하는 것이 믿음입니다. 전심으로, 절박한 마음으로 간구할 때 주님께서 주시는 위로를 받을 수 있습니다. 주님의 위로는 구원입니다. 능력입니다.

어떤 사람은 사람에게도 말하고, 주님께도 말한다고 합니다. 그러면 주님을 향한 마음이 절박하지 않을 것입니다. 이미 사람에게 그 마음을 털어놓았기 때문입니다. 전심으로 구하지 못하니 주님의 응답도 없을 것입니다. 주님만 의지하는 믿음으로 구하지 않기 때문입니다.

주님은 "너희가 내게 부르짖으며 내게 와서 기도하면 내가 너희들의 기도를 들을 것이요 너희가 온 마음으로 나를 구하면 나를 찾을 것이요 나를 만나리라. 이것은 여호와의 말씀이니라. 나는 너희들을 만날 것이며 너희를 포로된 중에서 다시 돌아오게 하되 내가 쫓아 보내었던 나라들과 모든 곳에서 모아 사로잡혀 떠났던 그 곳으로 돌아오게 하리라. 이것은 여호와의 말씀이니라"(렘 29:12-14)라고 하셨습니다. 전심으로 기도하며 주님을 찾아야 합니다. 반심(半心)으로 기도하면 응답도 없고 위로도 없습니다. 주님을 만나지 못합니다. 반심으로 구하는 것은 믿음이 아닙니다. 오직 나의 필요를 주님께 구해야 합니다.

주님께
붙잡힌 마음

━━━━━ 마음이 문제입니다. 마음이 잡혀야 합니다. 학생이 공부하지 못하는 것은 마음이 공부하는 데 붙잡히지 않고 노는 데 붙잡혔기 때문입니다. 마음이 노는 데 붙잡히면, 노는 일에 힘을 다하여 공부를 못 하게 됩니다. 마음이 돈에 붙잡히면 돈만 좇아갑니다. 마음이 놀음에 붙잡히면 놀음만 좇아갑니다. 마음이 이성에 붙잡히면 이성 꽁무니만 쫓아다닙니다. 마음이 권력욕, 명예욕에 붙잡히면 권력, 명예만 좇게 됩니다.

그러나 마음이 주님께 잡히면 주님만 좇아갑니다. 우리가 주님을 좇아가고 싶다고 해서 주님을 좇아갈 수 있는 것은 아닙니다. 마음이 먼저 주님께 붙잡혀야 합니다. 그래야 주님을 좇아갈 수 있습니다. 성도들이 주님을 알아도 마음이 다른 데 붙잡혔다면, 주님을 좇아가지 못하고 육신적이고 세상적인 것을 좇을 수밖에 없습니다. 주님을 안다고, 말씀을 안다고 자랑하지 말고, 마음이 주님께 붙잡혀야 합니다. 사도 바울은 "오직 내가 그리스도 예수께 잡힌 바 된 그것을 잡으려고 달려가노라"(빌 3:12)라고 말했습니다.

주님께서 우리를 붙잡으시는 목적은 예수 그리스도를 닮게 하기 위해서입니다. 바울은 "하나님이 미리 아신 자들을 또한 그 아들의

부끄러움을 아는 교회

형상을 본받게 하기 위하여 미리 정하셨으니 이는 그로 많은 형제 중에서 맏아들이 되게 하려 하심이니라"(롬 8:29)라고 했습니다. 주님께서 우리를 붙잡으시는 목적은 주님을 닮은 자가 되어 주님과 함께 살게 하려는 데 있습니다.

　주님을 닮으려면 주님과 사귀며 살아야 합니다. 부부도 같이 사귀면서 살면 서로 닮습니다. 우리도 주님과 사귀며 살면 주님의 생각과 마음을 닮게 됩니다. 주님과 사귀려면 날마다 말씀을 보고 기도해야 합니다. 말씀을 보지도 않고 기도하지도 않으면서 세상을 산다면 주님을 닮지 못합니다. 세상을 닮은 자가 되고 맙니다.

교회는
조직이 아닌 모임

────── 교회는 구원받은 하나님 백성들의 모임입니다. 구원받은 백성들의 모임인 교회를 조직화해서 타락시키면 안 됩니다. 교회에서 모임이 조직화되면 지배하고 지배당하는 일이 생깁니다. 그때부터 하나님 나라와는 상관이 없는, 조직에 충성하고 지배자에게 충성하는 악한 일이 생깁니다. 조직의 이익을 보존하고자 힘을 다하게 됩니다.

교회 내 모든 다툼과 싸움은 조직의 충돌 때문에 발생합니다. 교회에서 화합이 안 된다는 말도 내 조직에 이익이 되지 않는다는 뜻입니다. 바리새인 같은 종교인들은 조직을 위해서 예수를 죽이려 했습니다. 네로 황제도 조직에 위협을 느껴서 믿는 자들을 잡아 죽였습니다. 중세 천주교, 종교개혁의 국가교회도 조직의 위협을 느껴서 믿는 자들을 죽였습니다. 교회가 조직의 형태를 갖추면 하나님의 권위와 통치는 부정되고, 인본주의적인 요소에 의해 지배당합니다.

초대교회는 조직이 아닌 성도의 모임이었습니다. 지배하는 일도 없었고 지배당하는 일도 없었습니다. 예루살렘 교회가 안디옥 교회를 지배하지 않았습니다. 사도가 집사를, 집사가 성도를 지배하지

부끄러움을 아는 교회

않고 섬겼습니다. 초대교회는 조직의 일을 하지 않고 모임의 일을 했습니다. 모임의 일은 복음을 전해 죄인들이 회개하여 세례받고 죄 사함을 얻게 하는 데 있습니다.

사도행전 교회는 사도의 가르침을 받아 서로 교제하고 떡을 떼며 기도하는 데 모든 힘을 다했습니다(행 2:42). 사도행전 교회는 말씀으로 교제하고, 주님의 피로 교제하고, 기도로 교제하고, 사랑으로 교제하는 일에 온 힘을 기울였습니다. 성전에 모이기를 힘쓰고 기쁨과 순전한 마음으로 음식을 먹고 하나님을 찬미하며 살았습니다. 이외에 다른 일은 하지 않았습니다. 모임의 일이 회복될 때 하나님이 함께하시는 교회가 됩니다.

나누는 은혜,
받는 은혜

────── 교회에서 많은 그리스도인이 받은 은혜를 서로 나눕니다. 그런데 그 은혜를 간직하지 못하고, 지키지도 못하고, 살지도 못합니다. 이유는 무엇입니까? 받은 은혜가 아니라 나누는 은혜이기 때문입니다. 나누는 은혜는 받은 은혜를 서로 나눠서 공유하는 것일 뿐 하나님이 직접 주시는 은혜가 아닙니다. 주님께 은혜를 받은 사람이 수평적 관계에서 다른 사람에게 나누는 것입니다. 물론 나누는 은혜도 하나님의 은혜이지만 하나님의 은혜를 깨닫게 하는 역할을 할 뿐입니다. 나누는 은혜는 하나님의 은혜와 구원의 역사를 보고 하나님을 향하게 합니다.

나누는 은혜로는 변화된 삶을 살 수 없습니다. 나누는 은혜를 가지고는 평생을 살아도 말씀으로 살 수 없습니다. 여러 다양한 곳에서 기가 막힌 은혜를 받아도 시간이 지나면 사라집니다. 나누는 은혜는 소멸합니다. 교제를 통해 아무리 큰 은혜와 사랑을 서로 나누고 감동해도 그것은 감동일 뿐입니다. 드라마도 끝나면 감동이 즉시 사라지는 것처럼 은혜의 감동도 즉시 사라집니다. 감동이 나를 새롭게 하지 못하듯, 나누는 은혜로는 나를 새롭게 하지 못합니다. 나누는 은혜를 하나님이 자기에게 주신 특별한 은혜로 착각하지 말아야 합니다.

　수평적 차원의 은혜가 아니라 수직적 차원의 은혜를 받아야 합니다. 하나님이 직접 베풀어주시는 은혜를 받아야 합니다. 하나님은 인격적인 분이시기에 일대일로 나를 만나주시기를 원하십니다. 날 변화시켜 주시기를 원하시고, 새롭게 하실 뿐 아니라 모든 은혜를 더해주시기를 원하십니다. 하나님이 직접 주시는 은혜를 받으려면 기도처가 회복되어야 합니다. 골방 기도가 회복되어 간구할 때 모든 은혜를 받아 누릴 수 있습니다.

내 것은
아무것도 없다

────── 사람은 자신이 가진 것으로 교만해집니다. 가진 것이 곧 자신인 줄 착각하기 때문입니다. 돈을 많이 가졌으면 스스로 부자라고 생각해 가난한 자를 무시하고 멸시합니다. 권력을 가졌으면 스스로 권력가라고 생각해 자기보다 높은 사람이 없는 것처럼 행세합니다. 많이 공부해서 다양한 지식을 가졌으면 아는 만큼 뛰어나보이게 되어 잘난 척합니다. 다른 힘을 가졌어도 마찬가지입니다. 다른 사람들이 와서 인정해주고 머리를 숙이니, 그 모습을 나인 줄로 착각하고 교만해집니다.

그러나 내가 가진 모든 것은 주님이 주셨습니다. 내 것이 아니라는 사실을 알아야 합니다. 재물이나 권력도 내 것이 아닙니다. 건강이나 생명도 내 것이 아닙니다. 주님께서 맡겨주신 것입니다. 하나님이 가져가시면 모든 것이 내게서 떠나게 됩니다. 사람이 어리석은 것은 하나님이 주신 것으로 교만해지기 때문입니다.

어리석은 부자가 소출이 많을 때 모든 곡식과 물건을 자기 것으로 생각하고 지키기 위해 곡간을 헐고 더 크게 지어 거기 쌓아두고자 했습니다. 그 후 자신에게 "영혼아 여러 해 쓸 물건을 많이 쌓아두었으니 평안히 쉬고 먹고 마시고 즐거워하자"(눅 12:19)라고 말했

부끄러움을 아는 교회

는데, 주님은 "어리석은 자여 오늘 밤에 네 영혼을 도로 찾으리니 그러면 네 준비한 것이 누구의 것이 되겠느냐"(눅 12:20)라고 말씀하셨습니다.

인생에서 내 것은 아무것도 없습니다. 다 주님이 맡겨주신 것입니다. 주님이 주신 것으로 교만해지는 어리석은 자가 되지 맙시다. 맡겨주신 것은 주님의 영광을 위해 써야 합니다. 겸손히 주님의 것이라 고백하고, 감사하며 살아야 합니다.

성장과 팽창은
부흥이 아니다

──────── 오늘날 교회를 지배하는 성장론은 교회성장론이라기보다는 교회팽창론 같습니다. 교회를 팽창시키기 위해서 다른 교회 교인들까지 자신이 섬기는 교회로 끌어들이려 합니다. 매력적인 교회로 치장하여 좋게 보이려고 갖은 방법을 다 동원하고 있습니다. 그렇게 해서 교회가 커진다고 해도 성장이 아닌 팽창일 뿐입니다. 사람들에게는 자랑거리가 될 수 있을지 모르겠지만 주님이 기뻐하시지는 않을 것입니다.

교회는 복음을 전하여 죄인들이 자기 죄를 회개해 구원받게 하고, 구원받은 자들이 거룩함으로 세상을 하나님 나라로 살게 하는 곳입니다. 교회가 복음의 능력을 상실했기에 교인들에게 매력적인 모습을 보이기 위해 애씁니다. 교회를 주님께 맞추는 게 아니라 사람에게 맞추는 것입니다. 이렇게 해서는 교인들로 교회를 채울 수는 있어도 천국을 채우지 못합니다.

부흥은 교회팽창론도, 교회성장론도 아닙니다. 부흥은 타락한 교회가 회개하여 심령의 거룩함이 회복되고 말씀으로 사는 생활의 거룩함도 회복되어 하나님 나라로 세상을 사는 것입니다. 부흥이 임할 때 교회는 제일 먼저 지은 죄를 깨달을 뿐 아니라 죄에 대한 아

부끄러움을 아는 교회

픔으로 자복하고 회개합니다.

회개할 때 느끼는 죄의 아픔은 죄인들의 죄를 씻기 위하여 독생자를 십자가에 못 박아 죽이신 하나님의 아픔입니다. 교회가 죄에 대한 아픔이 없는 것은 주님을 멀리 떠났기 때문입니다. 죄에 무감각해졌기 때문입니다. 발꿈치에 굳은살이 생겨 감각이 둔해지듯이 주님을 떠나서 영적 감각이 둔해진 것입니다. 부흥이 임하면 죄를 깨닫고 애통하며 회개하게 됩니다. 깨끗한 심령으로 천국을 소망하며 주의 사랑으로 세상을 살게 됩니다. 다시 오실 주님을 사모하며 삽니다.

세 가지
마음

────── 사람에게는 세 가지 마음이 있습니다. 하나는 사탄의 마음이요, 다른 하나는 주님의 마음이요, 나머지 하나는 육체의 마음입니다. 주님이 주시는 구속의 은혜를 받지 못한 마음, 구속의 은혜를 받은 마음, 구속의 은혜를 잃어버린 마음으로 구분할 수도 있습니다.

사탄의 마음은 사탄에게 지배당하는 마음입니다. 사탄이 악한 마음을 넣어주면, 이를 이기지 못하고 악을 행하고 악한 길을 걸어가게 됩니다. 성경을 보면, 사탄은 가룟 유다 마음에 예수님을 팔 생각을 넣어 주었습니다(눅 22:3). 아나니아와 삽비라에게도 악한 마음을 주어 성령을 속이고 땅값의 얼마를 숨기게 했습니다(행 5:3). 말씀을 듣지 못하는 것도 사탄이 주는 악한 마음 때문입니다.

주님의 마음은 구속의 은혜를 받은 마음입니다. 죄 사함을 받은 성도의 마음을 성령께서 다스리셔서 주님의 마음을 갖게 합니다. 구원받게 될 때 사탄의 지배를 받던 마음이 성령의 지배를 받아 주님의 사랑으로 채워집니다. 주님의 마음은 영혼을 사랑하는 마음입니다. 죽은 영혼을 불쌍히 여기고 그 영혼을 구원하고자 합니다. 연약하여 넘어지고 살지 못하는 영혼을 불쌍히 여기는 마음입니다.

바울은 성도를 주님의 마음을 가진 자라고 했습니다. "누가 주의 마음을 알아서 주를 가르치겠느냐. 그러나 우리가 그리스도의 마음을 가졌느니라."(고전 2:16)

육신의 마음(골 2:18)은 주님의 마음을 잊어버린 마음입니다. 영혼 사랑하는 마음을 잃어버린 마음입니다. 주님의 마음을 잃어 육체의 정욕과 욕심으로 지배당한 마음입니다. 주님의 마음을 잃어버린 타락한 성도의 마음에는 정욕으로 인한 분노와 미움, 시기심과 경쟁심이 가득합니다. 이런 마음이 타락한 마음이요, 육체의 마음입니다. 이런 마음을 가졌다면 타락한 믿음 때문일 것입니다.

감각이 없는
교회

────── 살아있는 교회와 죽은 교회를 어떻게 알 수 있을까요? 산 것과 죽은 것을 구분하는 방법은 여러 가지입니다. 그중 감각을 통해 확인하는 방법이 있습니다. 살아있는 것은 감각이 있고 죽은 것은 감각이 없습니다.

만일 어떤 사람이 교통사고로 다쳐서 한쪽 다리에 의족을 착용했다고 생각해봅시다. 다른 사람이 손가락으로 의족을 찌르면 감각을 느끼지 못합니다. 반면, 의족을 착용하지 않은 건강한 다리는 누가 옆에서 살짝 건드리기만 해도 금방 알아차리게 됩니다. 찌른 사람을 쳐다보고서 "왜 찔러보느냐?"라고 물어볼 것입니다.

죽은 교회는 의족과 같습니다. 옆에서 찔러도 반응을 보이지 못합니다. 좌우에 날 선 어떤 검보다도 예리한 주님의 말씀(히 4:12)으로 건드리고 책망해도, 느끼거나 깨닫지 못합니다. 살아있는 교회는 주님이 말씀으로 한 번만 찔러도 금방 느낄 수 있습니다. 주님께 저지른 잘못과 주님을 거역하고 섭섭하게 한 일을 민감하게 느끼고 깨닫는다면, 허물과 죄를 회개하고 거룩함을 회복할 수 있습니다. 주님과 함께 사는 생활을 할 수 있습니다.

살아있는 나무가 외부 충격으로 껍질이 벗겨졌을 때 수액이 흘러나와 상처를 아물게 하여 병들지 않게 하듯이, 살아있는 교회도 마귀의 유혹에 넘어졌을 때 즉시 성령의 역사에 따라 죄를 씻고 거룩함을 회복합니다. 죽은 교회는 죽은 나무와 같습니다. 죽은 나무는 껍질에 상처가 나도 수액이 흐르지 않아 상처를 싸매지 못합니다.

주님은 죽은 것 같았던 사데 교회를 향해 "내가 네 행위를 아노니 네가 살았다 하는 이름은 가졌으나 죽은 자로다. 너는 일깨어 그 남은 바 죽게 된 것을 굳건하게 하라. 내 하나님 앞에 네 행위의 온전한 것을 찾지 못하였노니 그러므로 네가 어떻게 받았으며 어떻게 들었는지 생각하고 지켜 회개하라"(계 3:1-3)라고 말씀하셨습니다.

살리는 말

───── 우리는 수많은 말을 듣고 삽니다. 부모의 말, 선생의 말, 직장 상사의 말, 친구의 말을 듣고 삽니다. 때로는 매스컴을 통해 수많은 말을 듣습니다. 듣는 말은 우리 마음과 생각과 생활에 큰 영향을 끼칩니다. 듣는 것을 조심해야 합니다.

혹자는 다른 사람의 말을 들으면 그 사람의 생각과 판단을 따라가다가 이용당하고 어려움을 당한다는 이유로, 신접한 자나 점쟁이를 찾아갑니다. 사람보다 더 좋은 생각과 판단을 듣기 위해서입니다. 더 좋은 생각과 판단을 들을 수 있을지 모르겠지만 자신의 운명을 바꿀 수는 없습니다. 인생의 생사화복은 하나님께서 주관하시기 때문입니다.

사울 왕은 블레셋과의 전쟁을 앞두고 큰 두려움을 느꼈습니다. 하나님께 기도했으나 꿈으로도, 우림으로도, 선지자로도 대답하지 않으셨습니다. 그래서 사울은 엔돌에 있는 신접한 여인을 찾아가서 사무엘을 불러달라고 요청했습니다. 사울 왕은 신접한 여인의 말을 들었지만 죽을 운명을 바꾸지 못했습니다. 결국 길보아 전투에서 자기 아들들과 함께 죽고 말았습니다.

이처럼 다른 사람의 말을 듣고 그대로 행하는 것은 그 사람을 믿기 때문입니다. 신접한 자의 말을 듣고 그대로 행하는 것도 그를 믿기 때문입니다. 그런데 하나님의 말을 듣고 그대로 행하지 않습니다. 하나님을 믿지 않기 때문입니다. 사람은 하나님의 말을 듣지 않기 때문에 망합니다. 사울 왕은 하나님의 말을 듣지 않고 불순종했기 때문에 망했습니다. 하나님의 말씀을 들어야 합니다. 하나님의 말씀만이 살리는 말이기 때문입니다. 하나님의 말을 들어야 삽니다.

사모하는
마음 하나

———— 세상은 행위를 강조합니다. 부모는 자녀들에게 공부하는 행위를 강요합니다. 자녀들은 부모님 앞에서는 공부하는 척하다가 부모님이 보지 않으면 공부하지 않습니다. 행위를 강조하기 때문입니다. 세상에 물든 종교도 행위를 강조하고 행위를 요구합니다. 어떻게 해야 하는지를 강요합니다. 종교인들은 사람들 앞에서는 행하는 척하다가 사람들이 보지 않으면 행하지 않습니다. 외식하는 신앙생활을 하는 것입니다.

주님은 우리에게 행위를 요구하지 않습니다. 마음을 요구하십니다. 주님은 우리가 하나님 뜻대로 살 수 없는 죄인이라는 사실을 알고 계십니다. 주님은 모든 죄인이 주님 뜻대로 살 수 없는 무능력한 자라는 사실을 잘 알고 계십니다. 그렇기에 행위를 요구하지 않고 주님으로 살고자 하는 마음 하나를 원하십니다. 그래서 주님은 "심령이 가난한 자는 복이 있나니 천국이 그들의 것임이요"(마 5:3)라고 말씀하셨습니다. 영적인 것에 목말라하고 영적인 것을 구하는 마음 하나만을 원하신다는 말입니다. 주님은 사모하는 마음 하나를 원하십니다.

문제는 우리에게 주님을 사모하는 마음과 영적인 것을 사모하는

부끄러움을 아는 교회

270

마음이 없다는 점입니다. 우리의 모든 종교적 행위에는 영적인 것을 사모하는 마음이 거의 없습니다. 이런 마음 없이 하는 행위가 대부분입니다. 우리는 주님께 예배드릴 때 주님의 은혜를 사모하는 마음으로 드리지 못합니다. 기도할 때도 주님의 역사를 사모하는 마음으로 하지 못합니다. 말씀을 볼 때도 마찬가지입니다. 주님이 원하시는 것은 오로지 주님의 임재를 사모하고 영적인 것을 사모하는 마음입니다. 영적인 것에 목말라하는 마음입니다. 주님을 만나기를 목말라하는 마음 하나를 원하십니다.

부모의 인격은
자녀의 미래

──────── 자녀의 미래는 부모의 인격에 의해 결정된다고 봐도 틀리지 않습니다. 자식은 부모의 인격을 닮기 때문입니다. 인격에는 정욕적인 인격, 율법적인 인격, 복음적인 인격이 있습니다. 정욕적인 인격은 정욕으로 자녀를 대합니다. 부모가 아이들 기를 죽이지 않으려고 모든 응석을 다 받아줍니다. 아이가 잘못해도 야단치지 않습니다. 부모가 자식 입장에서 이해하고 받아주고 격려한다면, 긍정적인 결과를 낳든 부정적인 결과를 낳든 정욕적인 인격으로 아이를 기르는 것입니다. 정욕적인 인격으로 자식을 기르면 자식도 정욕적인 인격의 소유자가 됩니다.

율법적인 인격은 자기 양심의 기준과 도덕률의 기준으로 자녀를 대합니다. 양심과 도덕과 율법의 잣대로 잘못과 허물이 보이는 족족 자식을 비판하고 정죄합니다. 이는 하와가 마귀에게 속아서 하나님처럼 된 것과 같습니다. 자신이 하나님인 양 재판장 자리에 올라가 자식의 실수와 죄를 판단하고 정죄합니다. 율법주의적 환경에서 양심을 따라 자란 자식은 자신이 바르게 생활했다고 생각하기에 그리스도의 복음에 눈을 뜰 수가 없습니다. 복음을 들어도 복음을 모릅니다. 복음을 알아도 받아들이지 않고 복음으로 살지 않습니다.

복음적인 인격은 주님의 인격으로 자녀를 대합니다. 하나님은 죄인을 대하실 때 인격적으로 대하십니다. 죄인의 영혼을 불쌍히 여겨주시고, 죄를 깨닫게 하시고, 회개하고 돌아올 때까지 기다리십니다. 그리고 죄를 회개하고 돌아오면, 용서해주시고 용납하시고 품어주십니다. 부모가 하나님을 만나고, 하나님의 사랑을 받고, 하나님으로부터 인격적으로 길러진다면, 자식이 무능하고 범죄를 저질렀을지라도 혈기와 감정과 정죄로 대하지 않습니다. 주님께 길러진 인격, 즉 복음적인 인격으로 자식을 대하고 자식의 영혼을 바로 세울 것입니다.

네 종류의
교인

───── 교회 안에는 네 종류의 교인이 있습니다. 첫 번째는 사람을 따라가는 교인, 두 번째는 교회를 따라가는 교인, 세 번째는 교회만 다니는 교인, 네 번째는 주님을 따라가는 교인입니다.

사람을 따라가는 교인은 교회에서 유능하고 유력한 사람의 말을 듣고 그 말을 따라 삽니다. 교회를 따라가는 교인은 교회에 내려오는 전통을 따라 삽니다. 교회가 하는 대로 따라가는 것입니다. 따라가는 교회가 변질된 곳이라면 그 결과는 말하지 않아도 뻔할 수밖에 없습니다. 교회만 다니는 교인은 교회를 다니기만 할 뿐 실제로는 세상을 따라 삽니다. 세상의 영향을 받고 세상을 사랑하는 사람입니다.

이 사람들은 모두 주님의 말씀에 순종하지 않는 자들입니다. 아니, 순종할 수도 없는 자들입니다. 모두 하나님을 사랑하지 않는다고 봐도 틀리지 않습니다. 입으로 주여, 주여 하면서 하나님을 사랑한다고 말해도 사실은 하나님을 사랑하지 않습니다. 하나님의 사랑이 그 안에서 온전히 이루어지지 않습니다. 따라서 주님의 말씀을 사랑하지 못하고, 말씀에 복종하지도 못합니다.

그러나 주님을 따라가는 교인은 주님의 말씀을 지키고 순종하며 삽니다. 주님을 만나 거듭났을 뿐 아니라 주님의 말씀으로 다스림을 받는 인격이 되었기에 심령과 생활이 변화된 사람입니다. 주님을 닮은 자입니다. 하나님을 진정으로 사랑하여 하나님의 사랑이 그 안에 온전히 이루어진 자입니다.

다윗은 하나님을 사랑했으나, 사울은 하나님을 사랑하지 않았습니다. 다윗 왕은 말씀을 지키고 말씀에 순종하고 살았으나 사울 왕은 말씀을 지키지 않았고 순종하지 않았습니다. 사무엘은 하나님을 사랑하고 하나님 말씀에 순종했으나, 엘리 제사장과 두 아들은 하나님을 사랑하지 않았기에 하나님 말씀에 순종하지 않았습니다. 신앙생활은 주님만을 따라가는 것입니다.

마귀가
주는 생각

———— 마귀는 성도들 마음을 공격합니다. 마음을 공격해서 시험에 들게 하고 구원의 길에서 멀어지게 하고 천국 가는 길에서 벗어나게 합니다. 마귀의 공격 방법은 성도들 마음에 악한 생각을 집어넣어 마귀의 생각으로 살게 하는 데 있습니다.

마귀가 주는 생각 중 하나는 자기 이익을 위해 예수와 믿음을 파는 것입니다. 마귀는 가룟 유다에게 예수님을 팔 생각을 집어넣었습니다. 가룟 유다는 예수님을 팔 생각을 마귀가 주었다는 사실을 몰랐습니다. 자기가 이익을 볼 수 있는 좋은 생각이라고 여겼을 것입니다. 결국 대제사장들에게 은 삼십을 받고 예수님을 팔아 버렸습니다. 가룟 유다는 이 행동으로 유익을 보지 못하고 멸망하리라는 사실을 몰랐습니다.

마귀가 주는 생각을 따라가면, 바쁘고 피곤하다는 이유로 말씀을 보거나 기도하지 못하게 됩니다. 오늘날 대부분의 성도가 마귀가 주는 생각을 따라 바쁘고 피곤하다며 말씀을 보거나 기도하지 못하고 있습니다. 마귀가 주는 생각을 조금도 의심하지 않고 받아들입니다. 당연시합니다. "쉬지 말고 기도하라"(살전 5:17), "깨어 기도하라"(마 26:41)라는 주님의 생각을 받아들이지 않습니다. 바빠서 못 한다는 생각만 합니다.

그런데 우리는 바쁘고 피곤해도, 해야 하거나 하고 싶은 일을 절대 포기하지 않습니다. 아무리 바쁘고 피곤해도 밥 먹는 일을 거르지 않습니다. 아무리 바쁘고 피곤해도 대화는 쉬지 않습니다. 그렇다면 바쁘고 피곤해서 말씀을 보지 못하고 기도하지 못하는 것은 분명 주님의 생각이 아닙니다. 마귀의 생각입니다.

이렇게 보면, 그리스도인이 주님의 말씀보다 마귀의 생각으로 움직인다고 해도 틀리지 않습니다. 믿음에는 장사 없습니다. 깨어있지 않으면 나도 모르게 마귀가 주는 생각으로 마귀의 일을 하게 됩니다. 말씀으로 깨어있어야 합니다. 기도로 깨어있어야 합니다. 믿음으로 마귀의 공격을 물리쳐야 합니다.

믿음과 말씀이
부족할 때

———— 뭐든지 부족하면 사람들은 고통을 받습니다. 양식이 부족해도 고통을 당하고, 돈이 부족해도 고통을 당하고, 힘이 부족해도 고통을 당합니다. 비타민만 부족해도 건강에 이상이 생깁니다. 사랑이 부족하면 사는 것이 괴로워집니다.

사람들은 자신들의 부족함을 채우기 위해 힘씁니다. 그러나 많은 사람이 믿음이 부족하다는 사실을 깨닫지 못합니다. 육신에 대한 부족함은 즉시 느끼고 채우려 노력하지만, 믿음의 부족함은 느끼지도 못하니 채우려고 힘쓰지도 않습니다. 그뿐 아니라 육신 생활의 부족은 믿음의 부족에서 나타나는 현상인데도 그 사실을 깨닫지 못합니다.

믿음이 부족하다는 말은 말씀이 부족하다는 뜻입니다. 말씀을 모르고 말씀으로 사는 생활이 되지 않는다는 말입니다. 말씀으로 사는 생활이 되지 않는 것은 주님의 말씀을 통해 자기 모습을 보는 은혜를 받지 못했기 때문입니다.

말씀을 통해 주님이 함께하실 수 없는 자기 모습을 보면, 기도하게 됩니다. 말씀을 통해 자기 죄를 보면, 씻기 위해 기도하게 됩니다. 허물을 보면 고침을 받기 위해 기도하게 됩니다. 부족함을 보면 주님의 은혜와 능력을 구하게 됩니다. 말씀이 부족하기에 자기 모습을 보지 못하고, 자기 모습을 보지 못하기에 구할 바를 알지 못합니다. 구할 바를 알지 못하면 육신적 기도만 습관적으로 하게 됩니다.

말씀이 부족하면 기도가 부족하게 되고, 기도가 부족하면 거룩함과 순종이 부족하게 되어 모든 게 부족한 생활을 하게 됩니다. 그러나 말씀이 충만하면 온전한 기도를 할 수 있습니다. 온전한 기도로 부르짖을 때, 주님의 은혜로 온전히 순종하게 되어 주님과 함께할뿐 아니라 부족함 없는 삶을 살게 됩니다.

끊어지는
아픔

───── 우리 몸의 일부가 끊어지면 감당할 수 없는 아픔을 겪습니다. 손가락이 끊어지면, 이 아픔은 손가락이 아닌 내가 느끼게 됩니다. 이보다 더 큰 아픔이 있는데, 바로 관계가 끊어지는 것입니다. 부부가 함께 살다가 관계가 끊어지면 고통이 찾아옵니다. 함께 사는 일이 고통이라서 끊어버리면 시원할 것 같지만 절대로 시원하지 않습니다. 오히려 다른 고통이 생기는데, 손마디가 끊어지는 일보다 더 큰 고통입니다. 자식은 자식대로 부모와의 관계가 끊어지는 아픔을 경험합니다.

세상에서 가장 큰 아픔은 하나님과의 관계가 끊어지는 일입니다. 가장 큰 아픔인데도 이를 느끼지 못하는 것은 하나님과의 관계가 끊어진 채로 태어나서 살기 때문입니다. 자식이 태어나자마자 부모에게 버림받아 고아로 혼자 산다면 부모와의 관계가 끊어진 아픔을 잘 모를 것입니다.

하나님과 관계가 끊어지는 아픔을 그대로 느끼신 분이 바로 예수님입니다. 예수님은 하나님과 하나이셨습니다. 예수님은 십자가에서 우리 대신 심판을 받으실 때 "엘리 엘리 라마 사박다니"(나의 하나님, 나의 하나님 어찌하여 나를 버리셨나이까)라고 부르짖으셨습니다. 죄인들이 하나님께 버림받은 저주를 대신 받으셨기 때문입니다. 하나님께 버림받는 일이 가장 큰 아픔이었기에 이같이 부르짖으셨습니다.

끊어지는 아픔에서 하나 되는 화목의 복이 있습니다. 예수님께서 우리 죄를 대신 지시고 하나님과의 관계가 끊어지는 심판을 받으셨기에, 우리가 예수님을 믿고 죄 사함을 받으면 하나님과 화목하게 됩니다. 부부가 하나 되는 화평을 누리고, 모든 관계가 회복되는 평강을 누릴 것입니다. 예수 그리스도의 이름을 믿는 믿음으로 화목하게 됩니다.

이기는
믿음

────── 신앙생활을 하면서도 이길 수 없는 것들이 있습니다. 율법과 죄와 정욕입니다. 율법은 내게 주어지는 의무감입니다. 율법은 선하지만, 지키려 할 때 죄가 기회를 타서 나를 속입니다. 율법에는 하지 말라는 계명이 있습니다. 죄가 나를 속여서 '네가 맘만 먹으면 안 할 수 있어'라고 여기게 합니다. 사랑하라는 계명을 들으면, 죄가 나를 속여서 '네가 힘쓰면 사랑하며 살 수 있어'라고 여기게 합니다. 기도하라는 말씀을 들으면, 죄가 나를 속여서 '네가 기도하고 싶으면 언제든 기도할 수 있어'라고 여기게 합니다. 우리가 힘쓰면 모든 주의 계명을 지킬 수 있다고 여기도록 하는 것이 율법의 행위입니다.

믿는 자의 마음속에 율법의 행위가 깊이 뿌리내리고 있습니다. 이것은 믿음이 아닙니다. 자기를 의지하는 것입니다. 율법의 행위는 오직 주님의 은혜로 이길 수 있습니다. 여기는 것이 아니라 하게 하시는 은혜를 받을 때 사랑하게 되고 주님 뜻에 따라 살게 됩니다.

성도들은 죄에 미혹하여 늘 넘어집니다. 한 번 죄를 이겨도 다음에 넘어집니다. 오직 주님의 보혈이 죄를 이기고 다시 일어서게 합니다. 마귀에게 속아 죄를 범해도, 주님의 보혈을 의지할 때 다시 일

부끄러움을 아는 교회

어서서 죄를 이길 수 있습니다. 오직 주님의 보혈만이 죄를 이기게 합니다.

성도들도 정욕의 지배를 쉽게 받습니다. 정욕의 지배를 받아 육신으로 살기에 육신의 정욕을 이길 수 없습니다. 사도 요한은 "세상에 있는 모든 것이 육신의 정욕과 안목의 정욕과 이생의 자랑이니 다 아버지께로부터 온 것이 아니요 세상으로부터 온 것이라"(요일 2:16)라고 했습니다. 오직 성령이 정욕을 이길 수 있습니다. 성령으로 육신의 정욕을 이길 수 있기에 바울은 "성령은 육체를 거스르나니"(갈 5:17)라고 했습니다. 그러므로 율법과 죄와 정욕을 이기려면 주님의 은혜와 보혈과 성령으로 살아야 합니다.

의인과
죄인의 차이

───── 의인과 죄인은 분명한 차이가 있습니다. 의인은 믿음으로 살지만, 죄인은 정욕으로 삽니다. 의인은 주님의 보혈을 의지하여 죄 사함을 받았지만, 죄인은 자신을 의지하여 죄를 숨깁니다. 의인은 언제나 형제의 현재 모습만 보지만 죄인은 언제나 형제의 과거 모습만 봅니다. 의인은 형제의 영혼 안에 있는 주님의 은혜를 보지만, 죄인은 형제의 영혼 안에 있는 죄를 봅니다. 의인은 자기 죄를 보지만 죄인은 형제의 죄만 봅니다.

의인이 형제를 정죄하지 않고, 형제의 영혼에 임한 은혜로 기뻐하는 것은 자신도 주님의 구속 은혜를 받았기 때문입니다. 칭의의 은혜를 받은 자신도 과거에는 마귀에게 속하여 죄 가운데 살았다가, 주님께서 만나주셔서 구원해 주셨다는 사실을 알기 때문입니다. "동이 서에서 먼 것 같이 우리의 죄과를 우리에게서 멀리 옮기셨으며"(시 103:12)라는 말씀처럼, 주님께서 죄를 멀리 옮기셔서 보지 않으시는 은혜를 받았기 때문입니다. 죄인을 용납하시고 기뻐하시는 은혜를 받았기 때문입니다. 주님께서 죄를 용서해주셨을 뿐 아니라 정죄하지도 않으시는 은혜를 받았기 때문입니다(롬 8:33). 그래서 의인은 받은 은혜를 따라 형제의 실제 허물과 연약함과는 관계없이 허물과 죄를 보지 않고 형제를 정죄하지 않게 됩니다.

만일 구속의 은혜를 받고 의인이 된 자가 남편이나 아내, 형제의 과거가 보이고 죄와 허물이 보여서 그들을 판단하고 정죄한다면, 주님의 은혜 가운데 사는 의인이라고 할 수 없습니다. 받은 은혜를 잃어버린 것이 분명합니다. 다시 거룩함을 회복하여 주님으로 살도록 기도해야 합니다.

생각 틀이
바뀌어야 한다

───── 영에 속한 자가 있고 육에 속한 자가 있습니다. 성도는 육적인 자가 되기도 하는데, 영적 체험이 있더라도 말씀이 생각과 마음과 생활을 주장하지 못하기 때문입니다. 깨달은 말씀으로 생각과 생활이 변화되지 않았기 때문입니다. 말씀으로 진리의 생각으로 변화되지 않는다면 영에 속한 자가 아닙니다.

세상 사람도 패러다임을 바꿔야 한다고 말합니다. 패러다임이 바뀌어야 한다는 말은 우리 모든 것을 주장하는 인식 체계가 변화되어야 한다는 뜻입니다. 쉬운 말로, 생각하는 틀이 바뀌어야 한다는 말입니다. 세상의 가치관 틀이 진리의 가치관 틀로, 정욕적인 생각 틀이 진리의 생각 틀로 바뀌어야 합니다. 생각이 바뀌지 않으면 주님을 따라갈 수 없습니다. 말씀에 순종하며 말씀으로 살 수 없습니다. 그리스도인이 은혜를 받고도 여전히 영의 사람이 되지 못하고 육적인 자가 되는 것은 육신적인 생각과 생활이 말씀으로 변화되지 못했기 때문입니다.

심령뿐 아니라 생각까지 변화된 온전한 그리스도인이 되려면 말씀을 사모해야 합니다. 그러면 주님이 말씀으로 만나주십니다. 주님이 만나주시면, 예배 시간에도 울고 골방에서도 울게 됩니다. 울음을 미화하는 것은 아닙니다만, 주님을 인격적으로 만나면 울게 됩니다. 주님을 인격적으로 만난 자는 주님의 거룩하심 앞에 더럽기 그지없는 자기 모습을 봅니다. 그렇기에 울지 않을 수 없고, 회개하지 않을 수 없습니다.

주님을 인격적으로 만난 자는 자기 생각을 꺾을 수밖에 없습니다. 말씀으로 자기 생각을 꺾는 자는 육적인 생각과 세상 가치관을 버리고 말씀으로 사는 영의 사람이 됩니다.

부끄러움을 아는 교회

초판 1쇄 펴낸날 2023년 12월 8일

지은이 류인섭
펴낸이 박종태

책임편집 옥명호
교열 강동석
디자인 스튜디오 아홉
제작처 DADA프린팅

펴낸곳 비전북
출판등록 2011년 2월 22일 (제 2022-000002호)
주소 10849 경기도 파주시 월롱산로 64 1층(야동동)
전화 031-907-3927 | **팩스** 031-905-3927
이메일 visionbooks@hanmail.net
페이스북 @visionbooks **인스타그램** vision_books_

마케팅 강한덕 박상진 박다혜 전윤경
관리 정문구 정광석 박현석 김신근 정영도 조용희
경영지원 김태영 최영주

공급처 (주)비전북
        T.031-907-3927 F.031-905-3927

ⓒ 류인섭, 2023

ISBN 979-11-86387-56-6 03230